EL CONTROL PÚBLICO DE PROGRAMAS SOCIALES

Alexis Poet

El control público de programas sociales

Lineamientos para su definición y ejecución

Colección UAI – Investigación

UAI EDITORIAL

teseo

Poet, Alexis
El control público de programas sociales : lineamientos para su definición y ejecución / Alexis Poet. - 1a ed . - Ciudad Autónoma de Buenos Aires : Teseo ; Ciudad Autónoma de Buenos Aires : Universidad Abierta Interamericana, 2016.
186 p. ; 20 x 13 cm. - (UAI - Investigación)
ISBN 978-987-723-079-6
1. Programas Sociales. 2. Evaluación. 3. Auditoría de Gestión. I. Título.
CDD 336

Teseo - UAI. Colección UAI - Investigación

Buenos Aires, Argentina

Editorial Teseo

Hecho el depósito que previene la ley 11.723

Para sugerencias o comentarios acerca del contenido de esta obra, escríbanos a: **info@editorialteseo.com**

www.editorialteseo.com

A Georgina, Facu y Lauti porque sin ellos, nada tiene sentido

Autoridades

Rector Emérito: Dr. Edgardo Néstor De Vincenzi
Rector: Mg. Rodolfo De Vincenzi
Vice-Rector Académico: Dr. Mario Lattuada
Vice-Rector de Gestión y Evaluación: Dr. Marcelo De Vincenzi
Vice-Rector de Extensión Universitaria: Ing. Luis Franchi
Vice-Rector de Administración: Dr. Alfredo Fernández
Decano Facultad de Ciencias Empresariales:
Dr. Fernando Grosso

Los contenidos de los libros de esta colección cuentan con evaluación académica previa a su publicación.

La finalidad de quienes trabajamos para el Estado debe ser trabajar por y para la gente

Índice

Presentación

La Universidad Abierta Interamericana ha planteado desde su fundación en el año 1995 una filosofía institucional en la que la enseñanza de nivel superior se encuentra integrada estrechamente con actividades de extensión y compromiso con la comunidad, y con la generación de conocimientos que contribuyan al desarrollo de la sociedad, en un marco de apertura y pluralismo de ideas.

En este escenario, la Universidad ha decidido emprender junto a la editorial Teseo una política de publicación de libros con el fin de promover la difusión de los resultados de investigación de los trabajos realizados por sus docentes e investigadores y, a través de ellos, contribuir al debate académico y al tratamiento de problemas relevantes y actuales.

La *colección investigación* TESEO - UAI abarca las distintas áreas del conocimiento, acorde a la diversidad de carreras de grado y posgrado dictadas por la institución académica en sus diferentes sedes territoriales y a partir de sus líneas estratégicas de investigación, que se extiende desde las ciencias médicas y de la salud, pasando por la tecnología informática, hasta las ciencias sociales y humanidades.

El modelo o formato de publicación y difusión elegido para esta colección merece ser destacado por posibilitar un acceso universal a sus contenidos. Además de la modalidad tradicional impresa comercializada en librerías seleccionadas y por nuevos sistemas globales de impresión y envío pago por demanda en distintos continentes, la UAI adhiere a la red internacional de acceso abierto para el conocimiento científico y a lo dispuesto por la Ley n°:

26.899 sobre *Repositorios digitales institucionales de acceso abierto en ciencia y tecnología,* sancionada por el Honorable Congreso de la Nación Argentina el 13 de noviembre de 2013, poniendo a disposición del público en forma libre y gratuita la versión digital de sus producciones en el sitio web de la Universidad.

Con esta iniciativa la Universidad Abierta Interamericana ratifica su compromiso con una educación superior que busca en forma constante mejorar su calidad y contribuir al desarrollo de la comunidad nacional e internacional en la que se encuentra inserta.

Dra. Ariadna Guaglianone
Secretaría de Investigación
Universidad Abierta Interamericana

Agradecimientos

A mis maestros y amigos, Cristian Modolo y Marcelo Gullo. A mis formadores, Marcelo Medeiros, Guillermo Shweinheim, Martín Rubione, Aníbal Kohlhuber, y Sebastián Gil. A mis compañeros y amigos, Ignacio Cappello, Daniel Belenger y Christian Cantisani y Lorena Garzilli.

Prólogo

MARCELO MEDEIROS[1]

La desigualdad es una enfermedad endémica en América Latina. Las políticas sociales son una manera de luchar contra ella. Ciertamente, no es la única, pero su importancia es indiscutible, proveen bienes y servicios que de otra forma no podrían ser accesibles a la población más pobre. Es a través de estas que el Estado interviene para propender a una sociedad menos desigual.

Considerando la importancia del problema que las políticas sociales deben enfrentar, y el papel que estas tienen en el funcionamiento del Estado, es evidente que deben ser objeto de evaluación y control público. La evaluación es una manera de identificar buenas prácticas, solucionar problemas y favorecer a una mejora en la ejecución de dichas políticas. La existencia de una evaluación sistemática es también una manera de controlar los servicios públicos y proteger contra la apropiación indebida de los recursos.

Pero más allá de los bienes y servicios que reciben los beneficiarios de los programas, muchas de las políticas sociales benefician a toda la comunidad. ¿Alguien duda de que es mejor para todos vivir en una sociedad con la educación estándar de calidad? Esto llama la atención sobre dos resultados importantes de las políticas sociales: sus efectos directos sobre los beneficiarios, y los indirectos, que afectan a grupos mucho más grandes. Efectos

---

1 Ipea y UnB, Brasil

que pueden ser tanto positivos como negativos; después de todo, las políticas sociales también pueden tener su lado negativo. Está claro que es imposible abarcar todos los resultados directos, indirectos, positivos y negativos de una política. Sin embargo, es de gran miopía evaluar una política e ignorar esta gama de efectos.

Controlar programas, por tanto, puede ser una tarea compleja. Nada mejor para hacer frente a la complejidad que una buena planificación. Aquí es donde entra el libro de Alexis Poet. Su atención se centra en primer lugar en el diseño de los procesos de evaluación y control público de las políticas sociales y, en segundo lugar, en la ejecución de estos procesos. Este libro avanza sobre herramientas y conceptos que van desde la definición de los principios generales que pueden orientar las evaluaciones, hasta discutir elementos de la auditoría de gestión y rendimiento. El texto está escrito con el fin de combinar recomendaciones conceptuales y debates sobre la forma de aplicar los procedimientos de evaluación. El libro ofrece ejemplos concretos de planificación de la auditoría de programas de transferencias condicionadas, que pueden generalizarse y adaptarse fácilmente a otros tipos de programas.

Conduce este libro, la idea de que el programa de auditoría social requiere poner la atención en dos lugares. Por un lado, se centra en las causas, tanto de los problemas como de los éxitos, que identificarán lo que se debe cambiar en los programas, para luego proporcionar buenos modelos de trabajo en pos de orientar este cambio. Por otra parte, se centra en los efectos, indirectos y negativos, a fin de permitir una evaluación global de los resultados de acciones de gobierno, con el objetivo de responder si los programas están cambiando la realidad tal y como se quería, y en qué magnitud.

De lectura buena y ágil, demuestra un esfuerzo claro y exitoso para sintetizar las recomendaciones que se pueden implementar de manera efectiva en el ámbito de la auditoría en la Argentina, considerando el tiempo y tipo de personal disponible para estas actividades. En este sentido es un libro cuyo público principal son los auditores y evaluadores de políticas públicas, así como los responsables políticos que necesitan comprender cómo y por qué se evalúa.

Introducción[2]

La historia reciente en las naciones latinoamericanas pone de relieve un cambio de paradigma en cuanto al tratamiento de algunos flagelos de la humanidad, tales como el hambre, la desnutrición, la pobreza extrema y las enfermedades crónicas. Dicho tratamiento se enfoca hacia la revalorización del hombre como ser humano, resaltando sus potencialidades e impulsando el desarrollo de sus capacidades. En ese marco es donde se atiende a los derechos humanos como piedra basal de un paradigma que lleva a todos los países del mundo, en general, y a América Latina, en particular, a conducir políticas de amplio alcance, con el objetivo central de desarrollar capacidades en los individuos que les permitan progresar y obtener mejores condiciones en su bienestar, tanto personal como familiar y social.

Luego de experimentar algunas décadas con una lógica de hacer más eficiente el funcionamiento del Estado, y el otorgamiento de un carácter marginal a las políticas sociales, se evidencia un cambio de ideas en las naciones del mundo. Se dejan de lado los planteos economicistas, el cuidado por asignaciones presupuestarias eficientes, y se pretende enfocar las líneas de acción hacia el llamado "capital humano", es decir, los atributos y capacidades personales de los individuos y, por otro lado, la contención de sus grupos de referencia.

---

2 Este libro es una versión revisada de la tesis maestral titulada: "Lineamientos para la elaboración de una auditoría social de programas sociales universales", correspondiente a la Maestría en Auditoría Gubernamental de la Universidad de San Martín. Defendida por el autor en octubre de 2013.

El cambio de paradigma se comenzó a vislumbrar en el ámbito de las reuniones de la Organización de las Naciones Unidas (ONU), cuando en 1995 se desarrolla en Copenhague la Cumbre Mundial sobre Desarrollo Social, y allí los gobiernos alcanzaron un nuevo consenso sobre la necesidad de asignar a las personas el papel central dentro del desarrollo. Se expuso la voluntad de considerar la erradicación de la pobreza, el objetivo del pleno empleo y el fomento de la integración social. Bajo este enfoque, el Estado toma un papel central en la posibilidad de determinar cursos de acción para el logro de los objetivos planteados. En este sentido, Naciones Unidas comienza a desarrollar líneas de trabajo con la convicción de que políticas sociales bien diseñadas e implementadas pueden promover el empleo y el desarrollo, erradicar la marginación; constituyendo estas, una parte central de las Estrategias Nacionales para el Desarrollo, se logra, de esta manera, crecimiento económico con equidad social.

Cinco años después estos países se reunieron en Ginebra para celebrar la Cumbre del Milenio. Así, en este marco, se aprobó lo que se conoce como la "Declaración del Milenio", por medio de la cual se comprometieron a implementar acciones para alcanzar una serie de objetivos de desarrollo para el año 2015. Reducir la pobreza, atender las enfermedades endémicas y proteger al niño y la mujer son algunos ejemplos. Conjuntamente, estos criterios fueron ratificados en la Cumbre Mundial de 2005.

La principal herramienta que se ha implementado, en relación con lo comentado, es la formulación de políticas públicas que tengan un fuerte arraigo en la lógica y el espíritu de aquellas reuniones cumbre. Es así como se formulan políticas de amplio alcance cuyo sustento central está basado en la equidad, los derechos humanos y el propiciar las capacidades de los individuos para que mejoren su bienestar. Dichas políticas se formalizan en las llamadas "políticas universales", y más específicamente, programas de transferencias condicionadas (PTC). Estas experiencias nacen en estas latitudes a mediados de la década de 1990, en México y luego se expanden a Brasil y Argentina, entre otros países.

Es en esta manera de concebir la formulación de políticas sociales, en donde el Estado juega un papel fundamental. El conjunto de actores que lo integran deben comprender e internalizar este nuevo desafío. En especial, los organismos de control deben encontrar un conjunto de herramientas que lo lleven a comprender la integralidad de la problemática. Son dichos organismos los responsables de la selección, planificación y ejecución de los sistemas y metodologías que le son propios y que, en definitiva, deben otorgar herramientas para mejorar la capacidad estatal, entendida como una aptitud del Estado para lograr el máximo nivel posible de valor social sujeto a diversas situaciones contextuales.

El propósito de este libro es presentar un conjunto de lineamientos para la auditoría social aplicada a programas sociales de carácter universal, entendiendo aquí que la efectivización de estas políticas se encuentra en los programas de transferencias condicionadas (PTC), ya que se basan, al entender del autor, en el enfoque tripartito de equidad, derechos y capacidades.

Adicionalmente a esto, la finalidad será contribuir al bagaje instrumental de las Entidades Fiscalizadoras Superiores (EFS) en la acción de control externo, en el marco de auditorías de gestión. Es decir, se entiende que la auditoría social está contenida en la lógica de trabajo de una auditoría de gestión, realizada por un cuerpo de profesionales que trabaja en forma independiente y concluyendo en términos de las dimensiones del desempeño.

El camino de construcción de conocimiento que lleva al propósito y finalidad expuestos precedentemente transita por una puesta en situación, una caracterización de las políticas universales. El conocimiento sobre el tipo de política que se audita es central para definir acciones posteriores, es por ello que se postula explicar más que describir. El conocimiento que el equipo de auditoría tenga sobre la lógica de formulación de estas políticas permitirá enriquecer el criterio, opinión, parecer, apreciación y valoración del auditor, tan relevantes para este tipo de auditorías (por las incumbencias sociales que tiene).

Así, en el primer capítulo se presentará una caracterización de las políticas universales, su importancia y su ciclo. En el segundo capítulo se expondrán y comentarán las distintas definiciones de "auditoría de gestión", como así también, las definiciones de las dimensiones del desempeño expuestas en diferentes manuales de auditoría. Todas estas representan una piedra basal en el camino propuesto, entendiendo a la auditoría social de programas sociales universales en el marco de una auditoría de gestión. Adicionalmente, en este capítulo se desarrollarán las características más salientes de una auditoría de gestión como marco instrumental de la auditoría social. En el tercer capítulo, se expondrán, desarrollarán, comentarán y ejemplificarán lineamientos para la auditoría social aplicada a programas sociales universales.

1

Políticas públicas y políticas sociales

El objetivo central de este capítulo es caracterizar las políticas públicas en general y las políticas sociales universales en particular, para luego abocarse a presentar formas de control que se crean pertinentes para evaluar políticas sociales en la forma de programas de transferencia condicionada (PTC) en Latinoamérica, entendiendo a estos programas como formalizadores del espíritu que lleva adelante la lógica de formulación de políticas universales. En este trabajo se relacionan los programas de transferencia condicionada con la lógica de concepción de políticas universales. Desde esta perspectiva, se pretende comprender la lógica de formulación de políticas públicas, y más precisamente las políticas sociales. Así, se transita por un camino de construcción de políticas sociales a partir de una interrelación de enfoques adoptados que consideran al desarrollo humano en su completitud. Lo anterior continúa con formulaciones contemporáneas de políticas sociales que tienden a la equidad y cohesión social.

Políticas públicas y planificación

Como primera aproximación al tema se cree necesario mencionar las características fundamentales de las políticas públicas y el papel que estas juegan, no solo en la construcción del andamiaje que sostiene el rumbo de una nación, sino del rumbo que los hacedores de políticas imprimen en la vida política, económica y social de un país.

Es de resaltar que, si bien este trabajo se basa en una corriente de pensamiento antagónica a la imperante principalmente en la década del 90,[3] se encontrarán a lo largo de este capítulo referencias a documentos que impulsan y defienden esta ideología contrapuesta a la que se desarrollará aquí. El motivo de tales referencias radica en que estas apuntan a ideas de políticas públicas que representan puntos de contacto con la corriente en la cual se asienta esta investigación. De este modo, puede entenderse que la construcción de la "cosa pública" requiere de un sistema herramental que contiene la formulación de políticas públicas en el marco de una planificación nacional.

Luego, las políticas públicas pueden entenderse como acciones de gobierno materializadas en *instrumentos* de *gestión* puestos en acción. Es decir, pautas generales de *decisión* y *acción* encaminadas a responder problemas actuales o potenciales de la agenda social política (Krieger, 2005). Para llevar adelante estas pautas con éxito, "[...] es necesario que los sistemas de formulación de política cuenten con capacidades de prever, identificar y definir problemas y para establecer consensos que permitan gestar e implementar políticas [...]" (Poet, 2006: 8) que cumplan con los objetivos planteados.

En este camino por describir a la cosa pública, debe señalarse que el sistema herramental de formulación de políticas públicas se replica, con matices y diferencias, una

---

3 La reforma del Estado llevada adelante por la mayoría de los países latinoamericanos en la década de los 90, impulsada por las recomendaciones realizadas por el economista John Williamson y formalizadas en el llamado Consenso de Washington, impulsaban un Estado con una gestión eficientista en la prestación de bienes y servicios.

y otra vez para conformar un conjunto de políticas que llevan adelante gestiones de gobierno. Estas no deberían presentarse como una acumulación inconexa de rumbos de acción, sino que debieran estar ordenadas, sistematizadas e interconectadas a la luz de planificaciones estratégicas a largo plazo.[4] Lo antedicho se podría expresar en términos de "integralidad", es decir, la acción de gobierno en el diseño de políticas públicas debe ser coordinada entre los diferentes actores, teniendo objetivos comunes. Así, "[...] todo lo anterior debe estar avalado y contenido por un modelo de Planificación Central o Planificación Estratégica Nacional [...]" (Poet, 2006: 8). El modelo de políticas públicas que se sigue aquí valora un conjunto de elementos particulares; estos son: la coordinación de todos los actores sociales en el establecimiento de los objetivos o rumbo político, económico y social; la coordinación entre actores para la formulación de políticas públicas que contengan la integralidad de la problemática; una implementación de acciones coordinadas y complementarias para atender los objetivos de políticas públicas planteados, los cuales son resolver los problemas de la sociedad.

Por supuesto que cuando se habla de que contenga la integralidad, no se refiere a que "cada" política dé respuesta a problemáticas sociales que, por la misma génesis de su concepción, siempre son complejas. Sí se apunta a que los formuladores de políticas abarquen con su mirada la mayor cantidad de variables que afectan tanto directa como indirectamente la situación que debe resolverse a partir de la puesta en marcha de un plan o programa.[5] Aquí se habla de miradas de corto y largo plazo, de impactos

---

4 Se verá más adelante que las políticas descriptas y desarrolladas en este trabajo son, desde su génesis conceptual, formulaciones a largo plazo.

5 Se entienden planes y programas como la formalización práctica de las políticas públicas. Es decir, la bajada a tierra de estas políticas.

directos e indirectos, y de variables endógenas y exógenas. La realidad es sumamente compleja, y la búsqueda utópica de encontrar un solo plan integral o programa que resuelva el conjunto de problemáticas complejas sería como llegar a una resolución igual de compleja y, por lo tanto, imposible de implementar. Como no hay *una* respuesta, sino múltiples, a las problemáticas de la sociedad, es imperiosa la coordinación de actores y el aporte de estos con sus diferentes miradas para lograr, a través de la coordinación y la integralidad, dar respuesta al conjunto de problemas de la sociedad. Pero esto se presenta como procesos a desarrollarse a través del tiempo. En términos de una partida de ajedrez, no solo se debe pensar en resolver la próxima jugada, ni que las amenazas solo se encuentran en los trebejos del oponente que se sitúan cerca de la pieza que se pretende jugar. Se debe pensar en las veinte jugadas siguientes posibles a partir de cada movimiento, teniendo en cuenta todos los trebejos, sus movimientos y capacidad de acción.

Sin intentar cambiar el foco del análisis, resulta de relevancia exponer la importancia de una planificación en la cual deberán estar insertas, coordinadas e interrelacionadas las políticas públicas en general y las políticas sociales en particular; por tal motivo resulta fundamental entender el protagonismo que se le adjudica aquí a la visión estratégica para formular e interrelacionar políticas que no solo atiendan la circunstancia o coyuntura, sino que se presenten como caminos de acción de largo plazo, estables en el tiempo. "La Planificación Estratégica o Nacional es la base para la formulación de una concepción de política uniforme, interrelacionada y efectiva para el logro y la consecución de los fines propuestos por el decisor de políticas" (Poet, 2006: 15). Esta planificación se presenta como el instrumento de gobierno que utilizan las sociedades para definir su "carta de navegación" o "proyecto nación". Como se verá más adelante, no solo un país formula este plan de acción a largo plazo, sino que el conjunto de naciones organizadas institucionalmente también presenta un proyecto "estratégico" con el objetivo de brindar una mejor calidad de vida a todos los habitantes de los países que conforman este acuerdo.[6]

Figura 1. Planificación de las políticas públicas

La importancia de la planificación en las políticas públicas es central. Unidad de concepción para la unidad de acción, tener claro un diagnóstico de la situación y saber

6 Más adelante se presentará en este capítulo como antecedente de la formulación de una política social de carácter universal, el compromiso que asumieran los países integrantes de Naciones Unidas con ocasión de la Cumbre del Milenio, estableciendo el documento denominado "Objetivos de Desarrollo del Milenio".

cuál es el rumbo que se quiere tomar para alcanzar los objetivos propuestos. En términos del sistema de análisis de Methol Ferré:[7] presente - pasado - presente - futuro.

> [...] para entender el presente y proyectar hipótesis sobre el futuro, es necesario realizar "un viaje hacia las fuentes de las que surgen los fenómenos que hoy vemos, para volver al presente llevando un mejor bagaje de hipótesis explicativas con las que de nuevo partir para indagar el futuro [...]" (Gullo, 2010: 29).

No se puede actuar ni diseñar ninguna política si no se conoce la situación que se quiere abordar. Pero el conocimiento de esta debe estar apoyado en los fundamentos políticos, económicos y sociales de por qué se llega a dicha situación. Hasta aquí, presente - pasado está completo, desde este lugar se pretende proyectarse hacia el futuro a partir de la planificación.

Antecedentes de la política social en Latinoamérica

Para comprender el porqué de las políticas desarrolladas por los gobiernos latinoamericanos en los últimos tiempos, es necesario recorrer el camino de la historia de estos pueblos en los pasados treinta años. Es convicción de este investigador que no se puede lograr una comprensión de los hechos, de cualquier naturaleza, si no se evalúan los antecedentes y condiciones previas a los sucesos objeto de estudio. Se trata de pensar en una historia no estática, sino "viva", que permite repensar el pasado para construir el futuro. Así, el argumento central de esta sección es exponer los determinantes fundamentales que dieron origen a las

---

7 Alberto Methol Ferré, intelectual, escritor, periodista, docente de Historia y Filosofía, historiador, filósofo y teólogo uruguayo.

diferentes concepciones de política social en Latinoamérica. El ámbito de antecedentes en los que se enmarcan las políticas bajo análisis data de treinta años a esta parte.

Un poco de historia

De este modo, puede identificarse a la historia económica reciente con dos hechos de trascendencia internacional que marcaron un antes y un después en la forma de concebir la política social. El primero fue el proceso que se desarrollara durante las décadas del 80 y 90, cuya gestación tiene sus antecedentes en la década del 70, y que tiene como documento formalizador al llamado Consenso de Washington (Banchio, 2000). El segundo es el representado por la corriente basada en las ideas fuerza de la Declaración de los Derechos Humanos, formalizadas primero en la Cumbre Mundial sobre Desarrollo Social en 1995[8] (Ortiz, 2007), que se cimientan luego en la Cumbre del Milenio a partir del documento "Objetivos de Desarrollo del Milenio".[9]

Para poder interpretar las razones que propiciaron la presentación del Consenso de Washington, debe comprenderse la realidad económica imperante en las décadas del 70 y 80. De esta manera pueden identificarse factores explicativos tanto en el ámbito internacional como en Latinoamérica.

---

8 En este encuentro los líderes mundiales debatieron sobre los perjuicios de las políticas sociales focalizadas y el valor de implementar políticas sociales universales para asegurar una "sociedad para todos".

9 Las consideraciones sobre este tipo de políticas sociales se expusieron en el documento "Objetivos de Desarrollo del Milenio", en respuesta a las responsabilidades asumidas en la Cumbre del Milenio el 8 de septiembre del año 2000, en donde 189 países reunidos aprobaron lo que se conoce como la "Declaración del Milenio", por medio de la cual se comprometieron a implementar acciones para alcanzar una serie de objetivos de desarrollo para el año 2015. Conjuntamente, estos criterios fueron ratificados en la Cumbre Mundial de 2005.

En cuanto al contexto internacional, en la década del 70 se vivió una abundancia de capitales gracias a la acumulación de excedentes por parte de los países productores de petróleo; estos fueron direccionados a la banca financiera occidental, principalmente EE. UU. Los flujos excedentes se enviaron hacia los países en desarrollo aprovechando condiciones contractuales beneficiosas. Llegada la década del 80, sus rasgos típicos fueron el cambio de política monetaria de Estados Unidos (la FED adoptó en 1979 una dura política antiinflacionista, suba de la tasa de interés, lo que implicó la apreciación del dólar), la recesión mundial, el deterioro de los términos de intercambio[10] para América Latina y el Caribe, y la transformación de los países en vías de desarrollo en exportadores netos de capitales hacia los países industrializados (Massad, 1985).

La abundancia de capitales en manos de la banca internacional, capacidad prestable excedente, y la mayor demanda de financiamiento externo en los países en desarrollo provocó un rápido crecimiento del endeudamiento de estos últimos.

La situación en la década del 80 cambia sustancialmente al entrar este proceso en crisis. El cambio de década y de política fiscal estadounidense (promotor de la fluidez del mercado de capitales) generó situaciones fiscales comprometidas en los países en vías de desarrollo. Así, la relación entre la deuda externa y los fundamentos de la economía (producción, acumulación de capital, gasto público, salarios, etc.) condicionaron el rumbo y las decisiones de política económica de cada país. Desde ese momento se desarrollaron varias experiencias de crisis de deuda e interrupciones de pagos de los países latinoamericanos (Dornbusch y Fisher, 1985).

10 Puede entenderse la relación de términos de intercambio como la relación de precios de exportación e importación.

La situación expuesta precedentemente motiva a algunos intelectuales a pensar en políticas de ajuste para solucionar los desequilibrios de los países de América Latina. Tal es el caso de John Willamson,[11] que elabora un documento formalizado en diez reformas de política económica, las cuales contaban con un masivo apoyo en Washington (Casilda, 2005).

Entre las reformas propuestas se encuentra una que es central a los fines de este trabajo, la referente a cambios en las prioridades del gasto público. La idea era reducir el gasto público, dentro de la concepción ortodoxa del modelo de estabilización económica, y desviar el gasto improductivo de los subsidios hacia áreas como la sanidad, la educación o las infraestructuras, para poder combatir más eficazmente la pobreza en beneficio de los menos favorecidos (Casilda, 2005).

Lo antedicho hizo mella en la formulación de políticas sociales en América Latina, las cuales mostraron sus efectos en la disminución de los recursos destinados a lo social (Cohen y Franco, 1988).

Las restricciones impuestas por el Consenso de Washington y el Fondo Monetario Internacional (FMI) impulsaron a las economías latinoamericanas a iniciar procesos de contracción del gasto público y, consecuentemente, a presentar políticas sociales focalizadas. De esta manera, la política social fue asistencialista, es decir, centrada en la asistencia social, completamente insuficiente para lograr un desarrollo económico y social. Claro está que, como se verá más adelante, en ese momento no se pensaba en el bienestar de la sociedad, sino en el creci-

---

11 Economista inglés del Instituto de Economía Internacional y miembro del Banco Mundial cuando redactó las formulaciones del Consenso de Washington.

miento económico, con la convicción de que ello brindaría por efecto derrame, mejores condiciones de vida para el conjunto de la población.[12]

Siguiendo a Andrenacci y Repetto (2006b), las reformas políticas bajo el imperio del Consenso de Washington destacaron tres elementos de dicha reforma:

> [...] la *desestatización*, la *descentralización* y la *focalización*. La *desestatización* implicó la transferencia parcial o total de responsabilidades del Estado a actores privados (empresas y organizaciones no gubernamentales y comunitarias); la *descentralización* produjo una reorganización de los servicios públicos y sociales que favorece el crecimiento de la responsabilidad relativa de los Estados subnacionales; y la *focalización*, por último, implicó un cambio de objetivo de la política social, del ciudadano como receptor por derecho, al grupo o zona de riesgo como receptor estratégico (Andrenacci y Repetto, 2006a: 83).

Estos tres elementos dinámicos produjeron, según estos autores, consecuencias importantes en términos de ciudadanía, a saber: abrieron una etapa de *(re)mercantilización*, es decir, una "*(re)asimilación* de la lógica de la integración social a la lógica del mercado" (Andrenacci y Repetto, 2006a: 97). El inconveniente que aquí se plantea es que el mercado profundiza las diferencias y concentra la distribución del ingreso en lugar de tender a la distribución equitativa. "En este contexto, [...] la remercantilización opera como un transformador de la desigualdad de oportunidades económicas en desigualdad de acceso a servicios sociales" (Andrenacci y Repetto, 2006a: 98).

---

12 En la década del noventa se popularizó la Teoría del Derrame, que hacía referencia al concepto vertido por Adam Smith de la "mano invisible", en donde se proponía la tesis de que el interés individual sería el motor de los "beneficios conjuntos".

Por esas décadas se le otorgó una importancia marginal al desarrollo de las políticas sociales, privilegiando el crecimiento de las principales variables de la economía, el mejoramiento de las condiciones de vida de los pueblos. "Este enfoque 'residual' y asistencialista, que ha prevalecido durante más de dos décadas, ha terminado acrecentando las tensiones sociales y el malestar político en un gran número de países" (Ortiz, 2007: 7).

> Los programas de ajuste estructural lanzados tras la crisis de la deuda de 1982 redujeron drásticamente los gastos sociales, hasta el punto que UNICEF hizo un llamamiento al "ajuste con una cara humana". Tras haber sido reducidas a la más mínima expresión, las políticas sociales se volvieron a reconsiderar a finales de los años noventa, con una renovada atención a las estrategias de reducción de pobreza. Incluso entonces, las políticas sociales fueron tratadas como algo marginal [...] (Ortiz, 2007: 7).

En 1998, Joseph Stiglitz escribe un documento titulado "Más instrumentos y metas más amplias para el desarrollo. Hacia el consenso post Washington". En él comienza a descubrir que los postulados del Consenso de Washington no habían causado los efectos esperados, las consideraciones sobre el milagro del Este asiático constituyeron un cambio brusco de dirección en las discusiones sobre desarrollo. La economía, sin un sistema financiero sólido, y con mercados imperfectos, no podría ser capaz de la creación de riqueza.

> Y si la inversión pública en capital humano y transferencia de tecnología es insuficiente, el mercado por sí solo no llenará la brecha. Un principio que emerge de estas ideas es que, sea de donde fuere, el nuevo consenso no puede ya basarse en Washington. Si las políticas han de ser sostenibles, los países en desarrollo tienen que reivindicar su propiedad sobre las mismas (Stiglitz, 2001: 22).

Este escrito renueva la discusión que se desarrolló promediando el siglo XX, sobre crecimiento o desarrollo, o como expusieron Braun y Llach (2010), los determinantes profundos del crecimiento económico, diferenciando los factores de crecimiento del largo plazo (los que otorgan sustentabilidad), de los *shocks* de oferta o demanda del corto plazo (Sachs y Larraín, 1994). En el libro de Braun, se expone como uno de los determinantes del crecimiento económico a la pobreza de los países, así como al "umbral"[13] de donde parten las economías, es decir, el nivel de producto inicial. Todas estas consideraciones se enmarcan en una corriente que viene tomando fuerza en los últimos años, la cual critica el Producto Bruto per cápita (PBI per cápita)[14] como medida del crecimiento. La crítica más importante se refiere a que este indicador no muestra las condiciones de vida de la población, es decir, no muestra la distribución del ingreso. Para ello, el Programa de las Naciones Unidas para el Desarrollo ha llevado a cabo un método de medición de las condiciones de vida.[15] Así comienza la gestación de la segunda etapa, que tiene una clara reivindicación de lo social por sobre lo económico.

---

13 Si bien Braun no utiliza esta expresión sino que se refiere al nivel de producto desde el cual parten las economías, se creyó pertinente utilizar esta palabra por considerarla sumamente gráfica.

14 El Producto Bruto per cápita es el conjunto de bienes y servicios finales de una economía, producidos hacia el interior de las fronteras de un país, medidos a lo largo de una unidad de tiempo (generalmente un año), en relación con su población. Es decir, el Producto Bruto Interno por habitante.

15 Desde 1990 el Programa de las Naciones Unidas para el Desarrollo (PNUD) llevó a cabo y viene midiendo el Índice de Desarrollo Humano (IDH). Se basa en un indicador social estadístico compuesto por tres parámetros: vida larga y saludable, educación y nivel de vida digno. Este se fundamenta en los aportes de Amatya Sen sobre las dimensiones de la pobreza y las capacidades humanas.

En 1995 se desarrolla en Copenhague la Cumbre Mundial sobre Desarrollo Social.[16] Allí los gobiernos alcanzaron un nuevo consenso sobre la necesidad de asignar a las personas el papel central dentro del desarrollo, con los objetivos de erradicar la pobreza, lograr el pleno empleo y fomentar la integración social.

Bajo este enfoque, el Estado toma un papel central en la posibilidad de determinar cursos de acción para el logro de los objetivos planteados. En este sentido, Naciones Unidas comienza a desarrollar líneas de trabajo con la convicción de que políticas sociales bien diseñadas e implementadas pueden promover el empleo y el desarrollo, erradicar la marginación; constituyendo estas, una parte central de las Estrategias Nacionales para el Desarrollo, se logra, así, crecimiento económico y equidad social.

Cinco años después estos países se reunieron en Ginebra para celebrar el 8 de septiembre del año 2000 la Cumbre del Milenio, en donde 189 países evaluaron lo que se había conseguido y acordaron la adopción de nuevas iniciativas. De esta manera, aprobaron lo que se conoce como la "Declaración del Milenio", por medio de la cual se comprometieron a implementar acciones para alcanzar una serie de objetivos de desarrollo para el año 2015. Conjuntamente, estos criterios fueron ratificados en la Cumbre Mundial de 2005.

---

16 "Reconocemos, por consiguiente, que el desarrollo social es un elemento fundamental de las necesidades y aspiraciones de las personas del mundo entero y de las responsabilidades de los gobiernos y de todos los sectores de la sociedad civil. Declaramos que, en términos económicos y sociales, las políticas y las inversiones más productivas son las que facultan a las personas para aprovechar al máximo sus capacidades, sus recursos y sus oportunidades. Reconocemos que no se puede lograr un desarrollo social y económico sostenible sin la plena participación de la mujer y que la igualdad y la equidad entre la mujer y el hombre constituye una prioridad para la comunidad internacional y, como tal, debe ser un elemento fundamental del desarrollo económico y social" (punto 7° de la "Declaración de Copenhague sobre desarrollo social").

La convicción de tomar al hombre como eje central del desarrollo basamenta una tendencia que impulsa a brindar condiciones para el desarrollo de oportunidades para todos los individuos.

Nace un nuevo rumbo: "Declaración del Milenio"

La "Declaración del Milenio" representa una alianza entre países desarrollados y en desarrollo para colocar la equidad en el centro de la atención mundial. Representa un compromiso ético-político[17] entre las naciones de todo el mundo.

> La agenda multilateral retoma una visión integral del desarrollo, partiendo de la premisa de universalizar no solo los derechos civiles y políticos sino también los derechos económicos, sociales y culturales, sobre la base del concepto de que los seres humanos tienen, como tales, los mismos derechos, con independencia de su sexo, el color de su piel, su lengua, la cultura a la que pertenecen y su poder económico y social (Annan, 2005: 2).

La Declaración del Milenio se ha transformado en la "carta de navegación" de las Naciones Unidas, la construcción de una planificación a largo plazo que integra a todos los países miembros se sustenta en la revitalización del Estado como actor principal en la economía, la participación de las empresas privadas desde una perspectiva más social y el fortalecimiento de la sociedad civil a partir de la reconfiguración y revitalización de los derechos ciudadanos.[18]

---

17 Así, tanto en la Cumbre de Monterrey como de Johannesburgo, se desarrolla el principio de responsabilidades comunes pero diferenciadas, lo cual brinda, de esta manera, el fundamento político para que los países industrializados asuman mayores compromisos que los países en desarrollo.

18 En la Conferencia Internacional sobre la Financiación para el Desarrollo, celebrada en Monterrey (marzo de 2002), y en la Cumbre Mundial sobre el Desarrollo Sostenible (Johannesburgo, septiembre de 2002), se ratificó el compromiso

Este es el sustento de la formulación de políticas universales cuyas bases se encuentran en la construcción de una nueva ciudadanía, el estímulo al desarrollo de las capacidades[19] y la revitalización de derechos universales.

La primera meta planteada por los "Objetivos del Milenio" se relaciona con la disminución a la mitad, entre 1990 y 2015, del hambre y la pobreza extrema. Es en este objetivo donde se plasma con mayor intensidad la relación de causalidad de los "Objetivos del Milenio" y el desarrollo de políticas universales, principalmente aquellas formalizadas en programas de transferencia con condicionalidad blanda.[20]

Debe considerarse además que, aun cuando el examen de la pobreza y el progreso hacia su erradicación se basan en la cuantificación de los recursos monetarios de los hogares, el abordar y trabajar sobre este tema supone un entramado complejo que integra todos los objetivos. Este tratamiento requiere de una visión integral de las carencias humanas y la búsqueda de soluciones integrales insertas en esta "carta de navegación" de las Naciones Unidas, que no es más que la formulación de un plan estratégico destinado a resolver los principales problemas que afectan a las comunidades de los países firmantes. Así, en el camino a transitar para corregir las vulnerabilidades y disparidades regionales, se necesitarán programas que

internacional en torno a los Objetivos de Desarrollo del Milenio. Se reconoció la urgencia de revitalizar y fortalecer el rol del Estado para normar la acción de actores privados y sociales e impulsar su capacidad para intervenir y corregir las asimetrías internacionales y nacionales.

19 Amartya Sen define la calidad de vida de una persona en términos de sus capacidades. Es decir, la habilidad o potencial para hacer o ser algo. A esta habilidad o potencial, la llama "funcionamiento". Los funcionamientos van desde consideraciones elementales (estar bien nutrido, tener buena salud, etc.) a tan complejas como alcanzar la autodignidad o integrarse socialmente.

20 En este caso el objetivo principal es asegurar el nivel de consumo básico a las familias vulnerables a través de transferencias monetarias.

tomen en cuenta la nutrición materno-infantil, la salud y la educación. En este sentido, se identifican los programas de transferencias condicionadas (PTC) como la materialización del espíritu central de Naciones Unidas mediante las políticas universales. Cierto es que, si se toma el concepto coloquial de la palabra "universal", ninguno de los PTC son universales. Sin embargo, la finalidad de estos programas concuerda con la idea central de las políticas universales. Es decir, si bien existe un propósito claro, directo y a corto plazo (transferencias monetarias, por ejemplo), también existe una finalidad, esto es, la contribución a un objetivo superior. Dependiendo del nivel de desarrollo de una sociedad, este objetivo superior se puede formalizar en la disminución de la pobreza y desigualdad o el desarrollo humano.

Cabe recordar que, a la hora de medir la pobreza, se lo hace a través de una línea de pobreza absoluta. Esto significa la traducción de ciertos requerimientos nutricionales y no nutricionales (vivienda, transporte, esparcimiento, vestido, etc.) en unidades monetarias (INDEC). De este modo, programas cuyas transferencias no son monetarias sino alimenticias subestimarían la medición, por lo menos en el corto plazo. No obstante, en el largo plazo, una vez que los beneficios no monetarios se traducen en una mayor capacidad de los hogares para autosustentarse, sus efectos pueden ser captados y evidenciados por los indicadores de pobreza que utilizan para su medición unidades monetarias.

Políticas sociales

Hasta aquí se han desarrollado las ideas generales de la planificación nacional, sumado a ello se presentaron los antecedentes históricos que propiciaron las concepciones teóricas sobre las cuales se sustentan las políticas sociales desarrolladas en los últimos tiempos y que son foco de análisis de este libro. Recuérdese que la postura de este trabajo es la de relacionar los programas de transferencia condicionada con las políticas universales, por entender que la lógica de formulación de los primeros acuerda con las políticas universales.

La importancia del tratamiento de la planificación radica en que este planteo es fundamental para comprender cuál es la base de sustento de las políticas públicas. Es a partir de esta contención que se formulan las políticas sociales y, en especial, las que son objeto de estudio de este libro: las políticas sociales universales en la forma de programas de transferencia condicionada. Siguiendo la obra de Marshall:

> El término política social no es una expresión técnica con significado exacto [...], se utiliza para hacer referencia a la política de los gobiernos respecto a aquellas actuaciones que tienen impacto directo en el bienestar de los ciudadanos a través de proporcionarles servicios o ingresos (Repetto, 2010: 54).

En este libro no solo se desea conocer lo impactos directos, sino lo indirectos hacia la sociedad, planteando un conjunto de lineamientos para fiscalizar la gestión de los programas sociales.

Así, puede entenderse a las políticas sociales como el instrumento de gobierno que se utiliza para ubicar en el centro de la escena al hombre, no como individuo aislado, sino dentro de una comunidad (Filgueira, Molina, Papadópulos y Tobar, 2006).

Uno de los objetivos centrales de dichas políticas debe ser generar cohesión social como camino para generar desarrollo económico, mejoramiento del capital humano y desarrollo productivo.

Puede definirse a la política social como un instrumento de desmercantilización estructurado en torno a principios de necesidad, solidaridad y ciudadanía, puesto en ejecución a través del esfuerzo social organizado con el Estado como actor privilegiado para responder a las necesidades sociales de la población (Andrenacci y Repetto, 2006b). "La política social es, en definitiva, un conjunto de intervenciones de la sociedad sobre sí misma [...]" (Andrenacci y Repetto, 2006a: 87). El Estado, bajo esta concepción, funciona de articulador que propende a establecer condiciones básicas en la población. Cuando se habla de dichas condiciones, se comprende en un sentido amplio, el Estado es capaz de, y debe, marcar estatus, que en palabras de Repetto son un "conjunto de condiciones mínimas básicas [que] se llamará 'umbral de ciudadanía'" (Andrenacci y Repetto, 2006a). Este umbral representa un punto de inflexión en las condiciones de equidad social y, por tanto, cohesión social. Debe aquí enfatizarse que la definición de política social utilizada en este trabajo toma parte de las dimensiones que presenta Repetto (2010: 54-55), el cual incorpora como política social a la seguridad social. Teniendo en cuenta esto, este autor clasifica a las políticas sociales como "universales", a las de seguridad social y las destinadas a enfrentar a la pobreza. En este trabajo, se entiende la política social como intervenciones directas en donde tales intervenciones no son contributivas, por tanto debe aclararse que se excluye de todo análisis a la política de seguridad social, ya que se considera en un plano diferente al que se está tratando.

Adicionalmente, Cohen y Franco (1988: 23) también presentan una clasificación de política social, cuando en su debate sobre la equidad versus la eficiencia, presentan tres tipos de política social: las acciones de tipo asistencial o paliativo, las inversiones en recursos humanos, y las actividades promocionales; estas últimas tienen efectos más indirectos ya que los impactos sociales se acompañan con otros de distinta naturaleza (por ejemplo, promoción a pymes).

El Ministerio de Desarrollo Social de Argentina presenta en su documento "Políticas sociales del bicentenario: un modelo nacional y popular" (2010: 34), una clasificación de políticas sociales. En este sentido, se identifican las políticas mitigadoras como aquellas que son compensatorias. Su objetivo es disminuir los riesgos de una persona o grupo familiar. A estas, este trabajo las relaciona con las políticas focalizadas (aplicadas principalmente en la década del 90).

Por otro lado, el mismo documento presenta las políticas reparadoras, son aquellas que se identifican con la reparación o reconstitución de derechos. Por último, se enuncian y explican las políticas constructoras, las cuales constituyen, según expresa el documento de ese ministerio, inclusión social. "Fundamentalmente se ejecuta a través del trabajo y la educación. Es preventiva, promotora y de construcción de ciudadanía" (Ministerio de Desarrollo Social, 2010: 34). A estas dos últimas categorías puede asimilárselas a las políticas universales, según entiende este trabajo.

En este libro, se utilizará la clasificación de políticas sociales que divide en dos la asistencia del Estado. Luego, se utilizará la denominación de políticas "focalizadas" para definir la atención a una demanda muy puntual de un grupo bien identificado y definido de la población; por otro lado, se definirán como "universales" las políticas que identifican una población objetivo más amplia, y atienden necesidades más generales pero no por eso menos profundas. Las primeras fueron formuladas entre mediados de los 80 y fines de los 90 teniendo en cuenta la circunstancia, es decir, se planificaba a corto plazo para atender la coyuntura. El diagnóstico principal afirmaba que había un déficit de eficiencia en la prestación de asistencia a los sectores sociales más relegados, en condiciones de fuerte restricción presupuestaria. Adicionalmente, los recursos no se asignaban eficientemente, es decir, no estaban siendo dirigidos hacia los "pobres". La respuesta desde el Estado consistió en diagramar mecanismos competitivos y focalizados apuntados a la población más vulnerable. Este enfoque se enmarcaba en la política de reforma del Estado que consistía en dejar de ser un actor principal en la economía, para dar paso al mercado como organizador de la actividad económica. Así, las políticas de Estado en prestaciones básicas se replegaron, y se dejó al mercado que asigne los recursos.[21] Estas acciones representaron una salida pragmática ante la evidencia de restricciones fiscales y endeudamiento externo de los países latinoamericanos.

La antítesis de las formulaciones precedentes ha sido llamada por la literatura especializada "políticas universales" o "universalismo básico" (Molina, 2006). Bajo esta concepción, se entiende a la política social como un con-

---

21 El mecanismo que utiliza el mercado para asignar eficientemente los recursos con los cuales cuenta es el sistema de precios, ordenador por naturaleza del sistema de mercado.

junto de prestaciones y riesgos esenciales, que aseguran el amplio acceso a transferencias, servicios y productos, todos ellos de calidad, estructurados sobre una planificación de largo plazo. En palabras de Filgueira:

> [...] una cobertura universal de prestaciones y riesgos esenciales, que asegure el acceso a transferencias, servicios y productos que cumplan con estándares de calidad homogéneos otorgados sobre la base de los principios de ciudadanía, es decir, una cobertura que se distancie del principio de selección de beneficiarios de servicios a través de la demostración de recursos y de necesidad que predomina en la región, y que busque que estos sean concebidos como derechos, pero también como generadores de deberes (Filgueira, Molina, Papadópulos y Tobar, 2006: 21).

Bajo esta concepción de política social pueden exponerse tres enfoques.

1. Enfoque de la equidad

Este enfoque impulsa las nuevas concepciones de desarrollo desde una perspectiva de equidad.[22] Desde este enfoque, la equidad representa el sustento esencial del desarrollo con inclusión; se colocan así en primer plano los derechos económicos, sociales y culturales que representan valores de igualdad, solidaridad, no discriminación y universalidad.

Una vez más, en este enfoque se lo coloca al hombre en el centro de las decisiones políticas, no entendido como hombre-individuo, sino como hombre-social.[23] Cuando se definen políticas públicas para este hombre-social, debe

---

22 CEPAL entiende a la equidad como la reducción de la desigualdad social en sus múltiples manifestaciones.

23 Se entiende un hombre integrado a la sociedad, que hace valer sus derechos esenciales y respeta los de los demás, es decir, que realiza un ejercicio ciudadano.

construirse un complejo sistema[24] que contemple la multiplicidad de las necesidades de este ser social. Desde este enfoque, no se analiza a la política social como único motor del desarrollo, pero sí como el principal, como parte integrante de un conjunto de políticas de Estado que tienden a impulsar el bienestar de la población. En este sentido la política social adquiere un carácter multifuncional, ya que es la base de construcción de las políticas públicas atendiendo al hombre-social, pero además funciona como orientadora del camino a seguir para lograr el desarrollo equitativo e inclusivo para el conjunto de la ciudadanía. Por su parte, el ejercicio ciudadano es "[...] no solo un derecho en sí mismo, que contribuye como tal al bienestar, sino también el canal más efectivo para garantizar que los objetivos sociales del desarrollo estén adecuadamente representados en las decisiones públicas" (CEPAL, 2000: 16).

> La búsqueda de mayor equidad requiere que la sociedad desarrolle sistemas de protección y promoción de las oportunidades y de la calidad de vida en aquellos aspectos que las propias sociedades consideran de valor social, y que permiten que todos los ciudadanos sean partícipes de los beneficios y actores del desarrollo. Para ello, la política social debe orientarse con sentido integrador, mediante instituciones que consideren simultánea y prioritariamente los principios de universalidad, solidaridad y eficiencia (CEPAL, 2000: 16).

Desde la perspectiva de la formulación de las políticas públicas a partir del abordaje de la equidad, es importante evaluar los efectos en el corto y largo plazo. El desafío es transversalizar la política pública para lograr efectos de equidad. Esto es, generar programas que desde su génesis atiendan a equiparar estatus sociales, culturales

---

24 A los fines de este trabajo se entiende por "sistema" un conjunto de secuencias causales que relacionan entre sí distintos fenómenos.

y económicos. Es claro que en las sociedades modernas interactúan diferentes grupos sociales con características particulares que definen su identidad. El desafío, para la formulación de políticas públicas, es atender las demandas de dichos grupos, sin atentar contra esta identidad. Desde la concepción de que parte este libro, el camino es ofrecer a la ciudadanía bienes y servicios de calidad para todos, sin cambiar en forma invasiva la configuración social, sino tender a equiparar posibilidades y oportunidades para todos.

Todo lo anterior debe estar presente en la formulación de las políticas basadas en este enfoque, sin embargo, se reconoce la dificultad de ejecutar las políticas, se evidencian sesgos principalmente en el corto plazo. Lo antedicho se debe mayoritariamente a la postura que adopta ese hombre-social, en tanto demanda la reparación de derechos, la prestación de bienes y servicios, pero se dificulta la internalización de la responsabilidad que conlleva asumir derechos, parte fundamental de la construcción de la nueva ciudadanía.

2. Enfoque de derechos

Este enfoque tiene su génesis en la Declaración Universal de los Derechos Humanos,[25] los cuales apuntan a proteger derechos fundamentales especialmente de grupos específicos, tales como niños, adolescentes, personas con discapacidad, mujeres, adultos mayores, etc. Además, está fundado en propiciar la gestación de una transformación en la concepción de políticas públicas desarrollada en este nuevo milenio. Se impulsa una configuración de las relaciones

---

25 La Declaración Universal de los Derechos Humanos (DUDH) es un documento declarativo adoptado por la Asamblea General de las Naciones Unidas, el 10 de diciembre de 1948 en París, que recoge en sus artículos los derechos humanos considerados básicos.

sociales basadas en el reconocimiento del "otro" como par y en el respeto mutuo, de modo de lograr que todos tengan voz y que estas sean escuchadas con la misma fuerza, y así satisfacer las necesidades de todos.

> [Este enfoque] reivindica el papel del Estado para garantizar el desarrollo humano y establece la política social como un derecho social,[26] contempla el impulso de políticas institucionales tendientes a que las personas se apropien de sus derechos y participen de manera activa en su desarrollo social y controlen las acciones públicas en esa materia (Solís y Umaña, 2003: 4).

Aquí se hace foco en los derechos económicos, sociales y culturales, los cuales son un tipo especial de derechos, distintos a los civiles y políticos. Los primeros determinan las condiciones de bienestar de la sociedad, en donde el Estado tiene una participación central. La concreción de tales derechos está condicionada por los niveles de riqueza de la sociedad y por la toma de conciencia de esta para exigir el cumplimiento de tales derechos.

El PNUD (2010: 4) define los derechos categorizándolos en civiles, políticos y económico-sociales y culturales:

> Hay tres grandes categorías de derechos individuales que le corresponden a toda persona por igual, sin discriminación de ningún tipo y sin que el Estado, grupo o individuo alguno pueda considerarse autorizado para vulnerarlos o suprimirlos:
>
> Derechos civiles: se trata de libertades individuales (de palabra, de expresión, de pensamiento, de asociación, de reunión, etc.) que se afirman frente a cualquier pretensión del Estado u otro ente de infringirlas. Garantizan la autonomía y la inmunidad de las decisiones frente al poder del Estado.
>
> Derechos políticos: son aquellos que aseguran la facultad de participar en el gobierno de la cosa pública para elegir y ser elegido.

---

26 Cuando se mencionan los derechos sociales, se incluyen en esta definición los derechos económicos, sociales y culturales.

> Permiten participar en las decisiones públicas.
> Derechos económicos, sociales y culturales: los derechos económicos, sociales y culturales incluyen los derechos a trabajar; recibir igual salario por igual trabajo; gozar de protección contra los efectos de la enfermedad, la vejez, la muerte, la incapacidad y el desempleo involuntario; percibir un ingreso que asegure una existencia conforme a la dignidad humana; disfrutar de un nivel de vida adecuado que garantice la salud y el bienestar; disponer de descanso y de tiempo libre [...]

Son características del enfoque el reconocer a la ciudadanía como un derecho de todas las personas, independientemente de su sexo, nacionalidad, edad, etnia, condición social; y es deber del Estado proteger y garantizar el cumplimiento de este derecho. La adopción viva de este enfoque, para la formulación de políticas públicas, requiere no solo de un nuevo marco normativo,[27] sino de propiciar la instrucción y educación a la ciudadanía, tanto en los deberes como en los derechos políticos y sociales (Andrenacci y Repetto, 2006b). Adicionalmente, la estructura social se conforma de un complejo de relaciones entre grupos y entre individuos, y en esta interacción se desarrollan relaciones de poder. La toma de conciencia de esta situación posibilitará considerar las diferencias o desigualdades sociales y económicas para buscar equilibrar las fuerzas de poder y tender a la igualdad y al respeto de las diferencias. Es en este caso que la sociedad en su conjunto puede exigir la obligatoriedad y responsabilidad del Estado para hacer cumplir los derechos sociales y asegurar el desarrollo humano. Como así también, la rendición de

---

27 En la Argentina, la reforma constitucional de 1994 otorgó jerarquía constitucional a los Tratados de Derechos Humanos. Así se consagró la igualdad material y acciones positivas en los artículos 37 y 75 inciso 23; la protección de la vida desde la concepción (Pacto de San José; Convención sobre los Derechos del Niño y su declaración unilateral interpretativa) y desde el embarazo (artículo 75, inciso 23) y los derechos de los pueblos indígenas argentinos.

cuentas y la responsabilidad por el éxito o fracaso de las políticas sociales implementadas para acercar a la sociedad al estado de desarrollo humano.

Por otro lado, este enfoque se basa en ciertos principios, entre estos se encuentran la universalidad y la inalienabilidad; la indivisibilidad; la interdependencia y la interrelación; la no discriminación y la igualdad; la participación y la inclusión; la responsabilidad y la obligación de rendir cuentas (*accountability*) y el imperio de la ley.

- *Universalidad e inalienabilidad*: los derechos humanos son universales e inalienables. Todo ser humano por el solo hecho de ser tal los posee. Así lo expresa el artículo 1° de la Declaración Universal de los Derechos Humanos. Todos los seres humanos nacen libres e iguales en dignidad y derechos y, dotados como están de razón y conciencia, deben comportarse fraternalmente los unos con los otros.
- *Indivisibilidad*: los derechos humanos son indivisibles, ya sea de naturaleza civil, cultural, económica, política o social, son todos ellos inherentes a la dignidad de todo ser humano. Por consiguiente, todos los derechos poseen el mismo rango y condición.
- *Interdependencia e interrelación*: la realización de un derecho, en general, depende de la realización de otros. Es así la forma en que un individuo puede realizarse integralmente.
- *Igualdad y no discriminación*: todos los individuos son iguales sin distinción de raza, color, sexo, etnia, edad, idioma, religión, opinión política o de otra índole, origen nacional o social, discapacidad, propiedad, nacimiento u otra condición.
- *Participación e inclusión*: toda persona y todos los pueblos tienen derecho a una participación activa, libre y significativa en el desarrollo, como así tam-

bién a contribuir y disfrutar del desarrollo civil, económico, social y político, donde pueden ser realizados los derechos humanos y libertades fundamentales (Naciones Unidas, 2005: 2-3).

- *Responsabilidad e imperio de la ley*: los Estados deben asegurar el cumplimiento de los derechos humanos, de no ser así, los titulares de derechos vulnerados están facultados a iniciar acciones legales (Naciones Unidas, 2005).

Debe tenerse en cuenta que en este enfoque, tanto como en el enfoque de equidad, se consideran diferencias en estatus sociales económicos y culturales; por tanto, en algunos casos el Estado debe participar en la construcción de derechos y en otros equiparar derechos obtenidos. Es decir, la conciencia de que se presenta una sociedad diversa posibilita atender derechos de forma equitativa, con el objetivo de largo plazo de lograr la universalidad y el desarrollo de la sociedad.

3. Enfoque de las capacidades

Este enfoque ha sido desarrollado por el premio nobel de economía Amartya Sen (2000). El argumento central de esta posición surge en el contexto del desarrollo humano, y radica en que el desarrollo no termina con el crecimiento del producto. De esta manera, se exploran otras aristas del ser humano, lo cual privilegia el desarrollo integral. Sen expresa que para evaluar el bienestar individual, los recursos disponibles no proporcionan suficiente información, depende de cada individuo y de cómo puede utilizarlos. Es decir, un joven de habilidades medias usará el transporte público de diferente manera que un anciano o un discapacitado.[28] El individuo debe tener la capacidad para poder emplear los recursos que tiene a su disposición. Estos tienen un valor instrumental al ser requisito para tener capacidad. Sin embargo, Sen los tiene en cuenta en forma de habilitaciones. Es decir, una habilitación es la potestad de un individuo de poner a su disposición bienes y servicios. Así, se identifican la habilitación básica o directa y la habilitación de intercambio. La primera surge de un trabajo propio, producción para autoabastecerse; en tanto que la segunda se refiere a hacerse de bienes y servicios que el individuo necesita a través del mercado. Puede entenderse a las habilitaciones como derechos que estructuran las relaciones entre un sujeto y los demás en referencia a ciertos bienes.

Pero la pregunta es para qué un individuo necesita tener bienes y servicios. Una vez que el individuo está habilitado, debe emplear esos bienes y servicios para un uso particular. Lo que se evalúa entonces es la utilización de esos bienes y servicios que llevan al individuo al bienestar. No la utilidad que tiene intrínsecamente ese bien, es decir, sus cualidades, sino la potencialidad que tiene para cada persona.

Toda la exposición de Amartya Sen se basa en la búsqueda de desarrollo y libertad. Es porque considera que el mero crecimiento del producto bruto de una nación no genera la realización de las personas. De este modo, los bienes son mucho más que "útiles", son un medio de realización. Desde una perspectiva social, las libertades de las personas son el resultado de las capacidades para tener logros o, en palabras de Sen, "funcionamientos". El "funcionamiento" es, en definitiva, un logro, una realización,

---

28 Se utiliza un ejemplo con definiciones y características de la Escuela Neoclásica ya que Amartya Sen parte de formulaciones neoclásicas.

un estado alcanzado a partir de los bienes, mientras que la capacidad es la habilidad u oportunidad de llegar a esos logros y realizaciones.

> Es decir, los "funcionamientos" o realizaciones están relacionados con las condiciones de vida, mientras que las capacidades están relacionadas con la libertad, así como con las oportunidades reales que tienen las personas para alcanzar los objetivos que consideran valiosos (PNUD, 2010: 5).

Los tres enfoques expuestos anteriormente se relacionan en el sentido de que cada uno de ellos es parte integrante del mismo sistema teórico que fundamenta la formulación de políticas sociales universales. Así, desde la base del enfoque de derechos, y llegando a un estatus de derechos sociales, se tiende a lograr la equidad y la cohesión social para la realización del hombre en sociedad. Esta realización, como se dijo anteriormente, son los funcionamientos del hombre que, basados en las capacidades y habilitaciones, lo impulsan a su desarrollo en libertad.

La política social universal tiene inserta la noción de establecer en la sociedad un "umbral de ciudadanía", a través de una lógica de intervención del Estado, que sigue la secuencia necesidad - solidaridad - ciudadanía. El Estado asiste a la necesidad de los individuos por un principio de solidaridad, atendiendo al establecimiento de un "umbral de ciudadanía". Este último incorpora la revalorización de los derechos económicos, sociales y culturales a través de la prestación de transferencias o bienes y servicios de calidad. Lo anterior opera para brindar oportunidades y posibilidades para todos, esto es, equiparar estatus sociales (enfoque de la equidad). Pero además "habilita" a un individuo en su capacidad de obtener "logros" o "funcionamientos".

Es claro que esta idea de "para todos", ligada a la definición de "universal", puede ser cuestionada si se parte de su definición estricta. Es decir, "universal" quiere decir para todos, sin embargo, la universalización de las políticas sociales tiene sus restricciones. Desde el momento en que se establecen condiciones de acceso a la prestación de bienes, servicios o transferencias monetarias, en un sentido estricto, no se cumple con la universalidad. Pero ello debe enmarcarse en la lógica de donde parte el hacedor de la política pública. Con las políticas universales se piensa en las necesidades de los individuos y en su asistencia, por parte del Estado, con un principio de solidaridad y fundado en un enfoque tripartito de equidad, derechos y capacidades. En cambio, una política focalizada se para sobre el presupuesto, es decir, sobre el dinero con que se cuenta, para observar la realidad. Es mercantilizadora de la acción del Estado en las intervenciones que se propician desde él.

La implementación de políticas universales supone atender al desarrollo humano. Pero ¿cómo puede formalizarse esta idea y relacionarse con la de asistencia a las necesidades de los individuos? Toda política nace desde la observancia de una necesidad, está en el objetivo central del Estado satisfacerla. Lo anterior puede efectuarse con una simple respuesta coyuntural o pensar en una construcción de largo plazo. Como ejemplo de la discusión anterior puede pensarse en una necesidad de un grupo social que necesita de asistencia alimentaria. La respuesta rápida y coyuntural (necesaria, por supuesto) es brindar alimentos (bolsones de comida). Ello puede sostenerse en el tiempo, pero no soluciona el problema. Hasta aquí se encuentra presente la necesidad y el principio de solidaridad, pero falta el principio que define la continuidad y el largo plazo. El enfoque tripartito de equidad, derechos y capacidades busca el desarrollo humano como fin último. Este objetivo de largo plazo tiene pasos intermedios, esto es, saciar el hambre, sacar de la pobreza a grupos marginados y otorgar capacidades a la población para que esta pueda desarrollarse por sí misma. En términos coloquiales, primero se debe aprender a caminar para después correr, así mismo, un hombre debe estar bien alimentado para poder pensar, sentir y crear.

Por otro lado, el que una política comience asistiendo a un grupo reducido y luego se vaya ampliando no le quita la denominación de universal por el solo hecho de que sean pocos. Es convicción de quien escribe que el fundamento de la política se encuentra en la lógica con la que se formula dicha política. Si el objetivo final de la política social es la mera coyuntura, se está en presencia de una política focalizada. En cambio, si la política social contempla herramientas para que el individuo pueda desarrollarse en un futuro y, por tanto, pueda prescindir de dicha asistencia, se está en frente de una política con una lógica de formulación universal.

Políticas sociales universales

Las políticas sociales universales han sido llamadas frecuentemente por organismos internacionales como "universalismo básico". Así, volviendo al esquema analítico de Methol Ferré, se presentan aquí las políticas sociales universales en la perspectiva presente - futuro,[29] o en palabras de Filgueira, el universalismo básico como visión.

---

29 Recuérdese que anteriormente se analizaron los antecedentes de las políticas sociales con la lógica de Methol Ferré, presente - pasado.

> El universalismo básico como visión: la región requiere de una nueva política social que, aprendiendo de la experiencia pasada, vuelva a ser conceptualizada mediante un conjunto de parámetros específicos que refuercen la ciudadanía y garanticen derechos fundamentales. El universalismo básico es una propuesta que llena estas características y allí radica su fuerza: permite reconstruir un enfoque de política social que construya sociedad, otorgándole un nuevo estatus y ofreciendo un nuevo imaginario compartido de sociedad. Esa nueva visión de política social busca, además, contribuir a superar el sesgo funcional e instrumental de la política social vigente (Filgueira y otros, 2006: 17).

Con esto se deja de lado la "circunstancia" y la coyuntura, para construir un camino con un horizonte diferente, la política social en la construcción de una nueva ciudadanía.

> [...] la ciudadanía implica la pertenencia de un individuo a un Estado-nación. Su posesión implica para un individuo la calidad de sujeto de un conjunto de derechos y deberes (imaginarios y reales) que comparte con todos los otros ciudadanos y que configura un mínimo común (teóricamente universal, pero estratificado en la práctica) de prerrogativas, reglas de convivencia y obligaciones en el marco del Estado-nación [presentándose así un estatus o "umbral de ciudadanía"] (Andrenacci y Repetto, 2006a: 87).

El universalismo tiene el propósito de atender necesidades de la población. Cuando se trata de la prestación de servicios, estos deben ser de calidad. Propone una política a largo plazo que permite estructurar sobre su base, un conjunto de políticas adicionales tendientes al desarrollo con inclusión social. Luego, se denomina "universalismo básico" a la política social orientada por

> [...] la cobertura universal de prestaciones y riesgos esenciales, asegurando el acceso a transferencias, servicios y productos que cumplan con estándares de calidad, otorgados sobre la base de los principios de ciudadanía. Es decir, distanciándose

> del principio de selección de los beneficiarios de los servicios según prueba de recursos y de necesidad que predominan en la región". En este punto de vista, que propone concebir a los servicios sociales como "derechos que a la vez generan deberes", una política social de universalismo básico "apunta a promover un conjunto limitado de prestaciones básicas, que incluye entre ellas las prestaciones esenciales de derecho universal, conjunto que variará con las posibilidades y definiciones propias de cada país" (Andrenacci y Repetto, 2006b: 15).

La formulación de políticas universales requiere de un proceso de concientización social que converja hacia la equidad y a la cohesión social. Adicionalmente, la construcción de sociedades equitativas requiere un Estado presente y activo. De esta forma, el accionar de este propiciará intervenciones que logren redistribuir riqueza mediante la provisión de un conjunto de prestaciones esenciales, ya sea bienes, servicios o transferencias monetarias (Grynspan, 2006).

Los principios antes expuestos deben tomarse como principios fundamentales y primarios articulados como base de sustentación para la formulación de la política social.

> La cohesión social es un elemento fundamental de una sociedad que decide avanzar hacia un proyecto común y, por lo tanto, le da contenido a la democracia dentro de una adhesión básica de los ciudadanos al Estado y al proyecto de sociedad diseñado por y para todos los ciudadanos (Grynspan, 2006: 79).

Es fundamental, bajo esta afirmación, que la sociedad no solo esté cohesionada, sino que se sienta parte activa de la "carta de navegación", es decir, de un proyecto de nación, que se sienta contenida en el proyecto nación. Su compromiso dependerá de cuánto se sienta parte. La realización del hombre en el proyecto nación depende de que se sienta un "gigante" partícipe de la acción colectiva y la construcción social.

Los elementos antes presentados son condicionantes de las sociedades actuales, en donde se debe poder elegir, optar y discutir los caminos a seguir, es decir, su "carta de navegación" según sus antecedentes históricos, políticos e institucionales. Es en ese camino en donde se valora el dialogo social como modo constructivista[30] de crear ciudadanía, esto es, propiciar un dialogo amplio, plural y abierto.

Estas formulaciones han tomado gran relevancia en el ámbito de las economías latinoamericanas atento a los antecedentes históricos.[31] Por tal motivo, las políticas universales se insertan en lo que Sposatti ha llamado el "modelo social latinoamericano" (Sposatti, 2006: 65). De esta manera, este autor presenta el papel que debe jugar la política social en el ámbito latinoamericano:

- Estructuradora de las causalidades sociales, superando un mero carácter instrumental, residual y ad hoc, a través de conquistas tales como la promoción de la protección social no contributiva como derecho social. Es decir, transformar el carácter marginal de la política social en una de amplio alcance (basada en un enfoque tripartito).
- Consolidadora del orden democrático, esto es, incorporar la diversidad como base de la construcción de una intervención social.

---

30 El constructivismo surge a principios del siglo XX como una alternativa metodológica debido al fracaso de la escuela conductista en lo referente a la desconexión entre los objetivos impartidos por la escuela tradicional y los intereses y motivaciones de los estudiantes. Esta nueva escuela metodológica emerge con el propósito de revalorizar el rol del alumno en el proceso de su propio aprendizaje, el cual había sido desplazado por el conductismo.

31 Ya se han expuesto los antecedentes históricos que fundamentan las concepciones y desarrollos que propiciaron la formulación de estas políticas.

- Propulsora de la inversión en el desarrollo de capacidades de los individuos, familias, territorios y regiones, de modo que faculte a los ciudadanos para enfrentar y sobrevivir a sus dificultades.
- Consolidadora social, por su centralidad en la familia como núcleo básico estructurador de la sociedad, de la convivencia, del afecto, de la pertenencia y de la cohesión social.

En este marco, no pueden entenderse las políticas sociales como movimientos espasmódicos, desconectados de la realidad del país. Por tal motivo se pretende la formulación de una estrategia nacional de desarrollo que integre y articule las diferentes políticas sociales, teniendo en cuenta las condiciones desde las cuales se parte. Así, es de vital importancia tener conciencia de la realidad de cada país, es decir, contar con un diagnóstico de las condiciones políticas, sociales y económicas en las que se desarrollarán las políticas que tiendan a la cohesión, equidad e igualdad. Este enfoque, a diferencia del desarrollado en las décadas de los 80 y 90,[32] necesita de un componente fundamental que no se consigue de la noche a la mañana, y es la concientización de parte de los actores sociales de una nueva ciudadanía. Esto no solo representa la incorporación de nuevos derechos como los sociales, sino el asumir deberes dentro de la sociedad que integran. Por tal motivo las formulaciones de estas políticas deben realizarse en el largo plazo, ya que el Estado no solo debe proveer de bienes, servicios y transferencias a la sociedad, sino que conjuntamente con ello, es necesario educar a la sociedad sobre sus

---

32 En las décadas del 80 y 90, el determinante fundamental de la formulación y ejecución de políticas sociales estaba dado por las restricciones presupuestarias. Así, se pensaba a estas políticas como residuales.

deberes. Esta es la única manera de que las propuestas de políticas universales no sean solo formulaciones teóricas prolijas, sino realidades concretas y concretables.

La educación en ciudadanía de la sociedad se presenta como el determinante fundamental para lograr el éxito de estas políticas. El "proyecto" de políticas universales se ve limitado en su potencialidad si no se encuentra un eje de articulación entre Estado, familia y educación.

> Un papel prominente del Estado en la producción y distribución de prestaciones básicas además se fundamenta y se refuerza, a la vez, en una cultura ciudadana más igualitaria y democrática, fundada en los valores de la seguridad y solidaridad entre todos (Grynspan, 2006: 81).

La articulación Estado – familia – educación es central para propiciar una nueva cultura ciudadana, esto se logra a través de mecanismos de amplio impacto en la sociedad. Ejemplo de ello puede ser la profundización de esta temática en la enseñanza en la escuela primaria y su presentación en el nivel inicial de educación como forma de educación formal, es decir, incorporarla a la planificación curricular anual. Por otro lado, pueden generarse programas de llegada a la sociedad a través de medios masivos de comunicación, talleres desarrollados en centros comunitarios, centros de atención primaria, organizaciones no gubernamentales, etc.

Estas últimas ideas son parte de las "condicionalidades" que presentan los programas de transferencias condicionadas, a las cuales, desde este trabajo se las relaciona fuertemente con las políticas universales, por lo expuesto en los párrafos precedentes. Es decir, el éxito de una política universal radica en la solidaridad que atiende a las necesidades de la gente, fundada en el enfoque tripartito de equidad, derechos y capacidades, desarrollado todo esto en un camino de construcción que tiene como horizonte el largo plazo. La presencia del largo plazo se debe a la imposibilidad de llevar a la práctica el planteo ideal o normativo de la política universal, si no se incorporan acciones que involucren a la ciudadanía transformando dicha política en real o positiva. Es decir, el "deber ser" se puede transformar en el "ser" con un duro trabajo de inclusión en el compromiso de todos para lograr una sociedad más equitativa, con más derechos, que posibilite mayores logros y el desarrollo humano.

Lo anterior pretende dar fundamento a las nuevas concepciones teóricas, no solo es la formulación de un nuevo vocabulario, sino además, vivir estas nuevas ideas. No solo vivir un "mientras tanto", sino vivir un "aún". La diferencia fundamental de las expresiones precedentes radica en que la primera de ellas (política focalizada) se refiere a una coyuntura y, por tanto, una formulación de política social de corto plazo, absolutamente estéril bajo la concepción de política universal, ya que el máximo potencial de cambio social se da en el largo plazo. Es en esta dimensión temporal en donde se desarrolla el "aún" como tránsito permanente y persistente en un camino de construcción colectiva. Se deja atrás la cultura residualista (Sposatti, 2006), efectos de coyunturas fiscales ajustadas, para dar paso a la concreción de impactos directos e indirectos en la acción.

Políticas sociales universales y planificación

Luego de transitar por el camino de "planificación de políticas públicas", caracterización de políticas sociales, y el universalismo, se pretende en esta sección final del capítulo exponer la lógica de formulación de políticas sociales universales para comprender las acciones e interacciones que le corresponden al Estado y actores sociales en el devenir de una sociedad más justa, equitativa y cohesionada, y en un camino de formación en sus derechos pero también en sus deberes como actores fundamentales en la construcción colectiva.

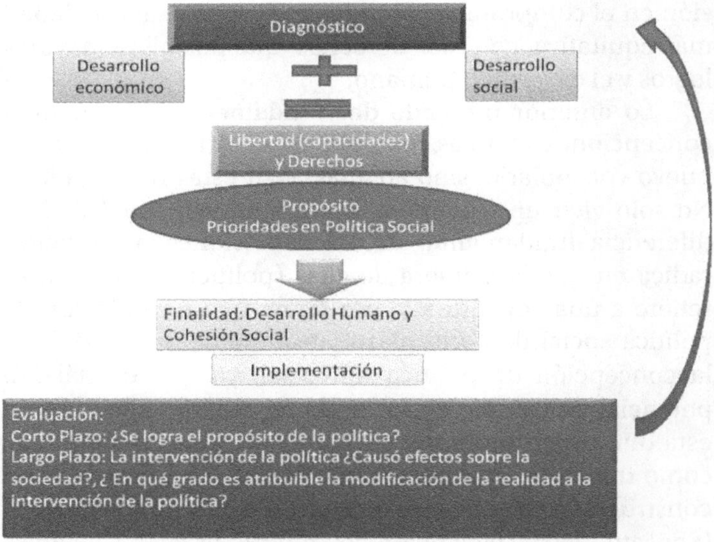

Figura 2. Proceso de una política pública

Aquí, la instancia de diagnóstico es central para un posterior desarrollo exitoso de estas políticas. Debe aclararse que las formulaciones de políticas se relacionan con el planteo ideal o normativo, en tanto que en la ejecución, se observa el carácter positivo o real. Es decir, se planifica con el "deber ser", pero se gestiona y ejecuta desde una realidad compleja. Es por esta razón que es usual observar en la práctica, en el proceso de las políticas públicas, una instancia de planificación, una instancia de programación y una de ejecución. Esta instancia de programación, ayuda a desglosar, en el corto plazo, lo que se pretende en la etapa de ejecución. La programación es parte de la planificación traducida al día a día. Por otra parte, la observancia de desvíos entre lo planificado (y programado) y lo ejecutado verifica esta contrastación de la política ideal (es decir, lo normativo, el "deber ser") y la contrastación con la realidad (es decir, lo positivo, el "ser"), que brinda continuamente situaciones que pueden modificar los valores planificados en un principio.

Se verá en el capítulo siguiente que el tipo de tratamiento que se les da a las auditorías sociales, esto es, enmarcadas en auditorías de gestión, tiene contenido en su razón de ser, el aporte o la contribución a la mejora de la gestión. Es por ello que es central entender la interacción entre el "deber ser" como política pública ideal, y el "ser" como objeto empírico de estudio. Para que luego el trabajo de auditoría realice sus aportes hacia la gestión.

Para el caso de las políticas sociales universales, debe tomarse en cuenta la fuerza y contundencia de la historia que lleva, particularmente a Latinoamérica, a elegir el camino de la construcción colectiva, integrando a toda la sociedad con el propósito de lograr cohesión social.

El diagnóstico de cuál es el conflicto a resolver se ve apoyado por una concepción de desarrollo económico y social o, en palabras de Braun y Llach (2010), por los determinantes profundos del crecimiento. Se deja de lado la medición del producto per cápita, como medida de la evolución de las economías, y se da paso a la observancia del desarrollo de las capacidades de los pueblos. Se parte de concepciones desmercantilizadas buscando la felicidad de las comunidades. Como se ha mencionado precedentemente, tanto el enfoque de la equidad como el enfoque de las capacidades y el enfoque de los derechos se interrelacionan para que, a partir de una base de derechos sociales, se construya un camino que tienda a la equidad, cohesión social y desarrollo de las capacidades de la gente. Lo importante ya no es cuánto tienen los pueblos, sino cuán capaces son de encontrar la "felicidad" a partir del desarrollo de sus capacidades humanas, en definitiva, el desarrollo humano.

Atento a lo antedicho, si se entiende que el centro de la política pública es el hombre en sociedad, luego, todas las acciones del Estado estarán encaminadas a propiciar el desarrollo humano y la cohesión social. Estos estarán formalizados en planes y programas que se abocarán al logro de este fin superior. Debe puntualizarse aquí que la formulación de políticas sociales se entiende como un proceso de mayor generalidad y trascendencia a los programas y proyectos formulados para atender los objetivos de dichas políticas. Las políticas sociales universales se establecen a largo plazo, porque intentan realizar cambios estructurales en la sociedad. No obstante ello, los decisores de políticas públicas construyen andamiajes que atiendan a la situación problemática de manera integral a partir de programas y proyectos. Estos, en un primer momento pueden ser focalizados en la prestación de bienes, servicios o transferencias monetarias, pero en el mediano y largo plazo deben lograr transformaciones sociales profundas en el conjunto de la sociedad.

Como puede verse en el diagrama, la evaluación y control del conjunto de programas implementados tienen dos instancias de análisis bien definidas. La primera es en el corto plazo, que atiende a la coyuntura, la emergencia. Es decir que atiende las necesidades y vulnerabilidad de grupos definidos.

Para el caso de la segunda, el Estado debe ser el impulsor de la construcción colectiva y la participación de la comunidad, propiciando el establecimiento de una nueva ciudadanía que ponga en valor los derechos sociales culturales y económicos. Así, se pone en marcha la retroalimentación más virtuosa que pueda darse en la acción de un gobierno, la determinación de un camino impulsado por la participación ciudadana. Esta retroalimentación es parte del control que ejerce la sociedad para corregir o ratificar el rumbo de las políticas implementadas; en palabras de O'Donell (2000), la *accountability* vertical societal juega un rol fundamental en esta construcción.

Hasta el momento, se han presentado ideas que se relacionan con el "deber ser" de las políticas sociales. Puede que al lector le surja la inquietud sobre la posibilidad de efectivizar dichas políticas. Cierto es que realizar un cambio cultural es sumamente complejo y que no puede ser solo acción del Estado llevarlo adelante. La clave se encuentra en poner en movimiento políticas sociales universales que incorporen el compromiso de todos los actores sociales. Es decir, este tipo de políticas deben ser avaladas por todos los sectores sociales. En un principio, una política puede atender a la indigencia; luego, a la pobreza; más tarde, a desarrollar las capacidades de los individuos beneficiarios. En todas estas instancias existirán grupos que no sean alcanzados por estas acciones del Estado; sin embargo, aquí funciona el principio de equidad, en cuanto se trata de disminuir las diferencias de oportunidades y posibilidades. La universalidad opera en ese camino de equilibrar estatus, otorgando derechos (en una instancia muy básica) y fortaleciéndolos en una etapa posterior.

Es a partir de estas consideraciones que se entienden los programas de transferencias condicionadas (PTC) como aquellos en los que se formalizan las ideas precedentes. Es claro que en sentido estricto no son universales, ya que alcanzan solo a una parte de la población. Sin embargo, no solo debe verse la cantidad de beneficiarios, sino los objetivos de corto y largo plazo que se definen en estos programas, esto es, el propósito y la finalidad de estos. Si el objetivo de largo plazo es lograr el desarrollo humano, se está en presencia de una política universal. Debe considerarse que también en este tipo de políticas se atiende a la emergencia, pero con una visión más allá de darle de comer a cierto grupo o vacunar a otros.

Este libro se dedica a analizar las políticas de transferencia que se han desarrollado en América Latina en los últimos veinte años. En este sentido, se toman como objeto de análisis los programas de transferencias condicionadas (PTC), entendiendo que la lógica con la cual se formulan dichas políticas contiene la idea de universalismo.

A modo de síntesis

Hasta aquí se ha presentado la idea de política pública y su formulación. De ello se da fundamento en este libro, es decir, se echa mano a la historia para presentar antecedentes que sirven de base para entender por qué se presentan hoy con tanta fuerza las políticas universales.

Además de ser el efecto de procesos históricos, las formulaciones acerca de políticas sociales universales tienen su base en construcciones intelectuales que tienen como eje el desarrollo del hombre inserto en la sociedad.

Para quien escribe, el universalismo básico, es decir, la lógica universal, se cimienta en un esquema conceptual y analítico, dotado de tres dimensiones interrelacionadas (enfoque de derechos, enfoque de equidad y enfoque de capacidades). Esa partición en tres dimensiones se ha realizado a los fines de una clara exposición. Sin embargo, se presenta como una malla de contención integral que sustenta la formulación de políticas sociales universales. El disparador de toda política es la necesidad, que es atendida por el Estado bajo el principio de solidaridad. Todo ello enmarcado en la construcción de una nueva ciudadanía, es decir, derechos pero también deberes. En este sentido, la necesidad es el disparador y la solidaridad es la respuesta del Estado, con la finalidad de crear ciudadanía a través del enfoque tripartito. En este libro se entiende la interrelación de enfoques como fundamento conceptual subyacente al interés de la construcción de una nueva ciudadanía.

Es a partir de ese planteo analítico que se cree que las políticas sociales universales se formalizan en programas de transferencias condicionadas, ya que del análisis de estos programas desarrollados en la región, se desprende la lógica con la que están construidos. Dicha lógica acuerda, a entender de quien escribe, con el enfoque tripartito de derechos, equidad y capacidades.

2

Auditoría de gestión

En este capítulo, se desarrollarán algunos tópicos centrales de la auditoría de gestión, entendiendo a esta como marco de contención de las auditorías de programas sociales. Cabe aclarar que a los fines de este libro, los términos "auditoría de gestión", "auditoría de rendimiento" y "auditoría de *performance*" se toman como sinónimos.

Anteriormente se han expuesto temas tales como la formulación de políticas universales y la caracterización de dichas políticas. Todo aquello ha servido de antecedente para abordar en esta instancia un camino para llegar a establecer un conjunto de lineamientos para la auditoría social de programas sociales universales, en la forma de programas de transferencias condicionadas.

En relación con los antecedentes presentados, se creyó conveniente describir la formulación de políticas públicas, contraponiéndola a la instancia de ejecución, en donde se observa la interacción del "deber ser" (o normativo) y el "ser" (o positivo) en la forma de desvíos. Además se presentó una contextualización histórica para poner en situación al lector de lo que se está hablando cuando se aborda puntualmente la auditoría social de programas sociales. Adicionalmente, se intentó referenciar la importancia que tiene el conocimiento del objeto a estudiar (que para el interés de este libro es "auditar") por parte de quien debe realizar dicho análisis (a los fines del interés de este libro, quien realiza el análisis es el "auditor"). Es convicción del autor de este trabajo que dicho conocimiento nutre el criterio del auditor en cuanto a establecer el enfoque, los objetivos y la planificación de la auditoría de programas sociales. Desarrollos adicionales, particularmente sobre la caracterización de programas de transferencias condicionadas (PTC), el lector los podrá encontrar en el anexo de este trabajo.

Debe aclararse que este libro no pretende ser un manual de auditoría de programas sociales, sino solo presentar lineamientos, recomendaciones, características, etc., a tener en cuenta al momento de realizar una auditoría social de programas sociales universales formalizados en programas de transferencias condicionadas.

Por otro lado, también debe aclararse que se iniciará el abordaje de la auditoría desde la auditoría de gestión. Bajo esta situación, no se pretende revolucionar el mundo de la auditoría de gestión, presentando procedimientos novedosos o innovadores que cambien el paradigma de las prácticas habituales. Sí es intención de este trabajo presentar y exponer algunas características salientes de los manuales de auditoría de gestión que puedan ser aplicados a la auditoría social de programas sociales de característica universal.

Teniendo en cuenta lo antedicho, la postura de esta sección es atender a los manuales, considerando la idiosincrasia, características, cultura, etc., de quien los escribe y las sociedades en las que se desarrollan las auditorías que siguen esos manuales. Por tanto es de resaltar que, en principio, se entiende que hay una mayor comunidad entre las prácticas conducidas por las auditorías o contralorías de América Latina, que las utilizadas en países más desarrollados.

A continuación, se exponen algunas nociones que encuentran particularidades diferentes en los manuales relevados. Es a partir de la presentación y análisis de las similitudes y diferencias que se pretende encontrar un criterio común de abordaje a las auditorías de programas sociales.

Definiciones

Para adentrarse en el tema, puede resultar como aporte contextual, y solo como disparador, la definición de gestión pública que incorpora la Contraloría General del Estado de Ecuador (CGE) en su manual de auditoría de gestión. Esta entidad fiscalizadora superior incorpora, antes de hablar de auditoría de gestión, el concepto de gestión pública, hecho que no se replica en el resto de los manuales relevados para esta sección. Así, dicho manual expresa:

> Se define a la gestión, como el proceso de coordinación de los recursos disponibles que se lleva a cabo para establecer y alcanzar objetivos y metas en un tiempo programado. La gestión comprende todas las actividades organizacionales.
>
> Gestión o administración pública, entendida esta desde un punto de vista material, como actividad administrativa, es la capacidad gubernamental para ejecutar los lineamientos programáticos; es el conjunto de acciones mediante las cuales las entidades tienden al logro de sus fines, objetivos y metas, observando las políticas establecidas (CGE Ecuador, 2011: 6).

En este libro no se tratará sobre definiciones de gestión pública, ya que reviste una discusión de tal dimensión que escapa largamente a los objetivos de este trabajo. Sin embargo, como se verá a lo largo de las siguientes páginas, las auditorías de gestión (es decir, el tipo de auditoría que les dan el marco a las auditorías sociales) se presentan en términos de economía, eficiencia, eficacia y en algunos casos efectividad o impacto directo e indirecto. Es en este sentido que se relaciona la definición anterior con la temática abordada. Luego, pueden resaltarse las ideas de capacidad gubernamental para ejecutar programas, en la búsqueda del logro de objetivos, metas y fines. Es esta capacidad gubernamental la que requiere de cierta *performance* o buen desempeño para poder actuar y obtener logros. La auditoría de gestión, en su análisis sobre las dimensiones del desempeño, opina sobre la forma en que se llevan adelante estas acciones expuestas por la CGE de Ecuador (2011).

Atendiendo a esta lógica que bien ha entendido la CGE de Ecuador, es decir, la de presentar como primer concepto el de gestión pública, se expondrán seguidamente las principales definiciones de auditoría de gestión, contenidas en los manuales de Entidades Fiscalizadoras Superiores (EFS). Luego se avanzará en el desarrollo con otros conceptos tales como dimensiones del desempeño, líneas de auditoría, etc.

En relación con el concepto de auditoría de gestión, el conjunto de manuales de las EFS muestra similitudes en la presentación conceptual y en lo que cada una de ellas entiende como auditoría de gestión. Ahora bien, la Auditoría General de la Nación (AGN) identifica este tipo de estudio o fiscalización sobre planes, programas, proyectos y operaciones, con el propósito de informar sobre la capacidad que tienen los gestores de dichos programas de alcanzar los objetivos previstos. En ese sentido, incorpora las dimensiones de análisis del desempeño para realizar el análisis encomendado en la auditoría de gestión. Estas dimensiones son identificadas con las usualmente llamadas tres "E" del desempeño; esto es: economía, eficiencia y eficacia. En el caso puntual de la AGN, adicionalmente presenta la idea de fidelidad. Este último concepto se relaciona con un planteo de apego a las normas, característico de la cultura organizacional de la entidad. Es decir, pone en valor la atención que debe dispensarse a la responsabilidad y apego a las normas con los que actúa quien oficia de gestor de la implementación de la política. De esta manera, la Auditoría General de la Nación (1993) define la auditoría de gestión de la siguiente forma:

> Es el examen de planes, programas, proyectos y operaciones de una organización o entidad pública, a fin de medir e informar sobre el logro de los objetivos previstos, la utilización de los recursos públicos en forma económica y eficiente, y la fidelidad con que los responsables cumplen con las normas jurídicas involucradas en cada caso (p. 24).

Las definiciones identificadas, expuestas y comentadas en esta parte del trabajo revisten similar lógica. En la definición bajo análisis, primeramente se expone sobre qué versa la auditoría de gestión, es decir, el objeto (qué se audita). Así, se mencionan los planes, proyectos y operaciones de un organismo público. Luego se resalta el objetivo del estudio (para qué se audita), el cual es medir el desempeño y conformidad con las normas vigentes.

En el manual de auditoría de la Contraloría General de la República de Nicaragua (CGR, 2009: 3) se exponen ideas similares a las ya presentadas por la AGN. Sin embargo, adiciona las dimensiones de equidad y ética. De esta manera, se amplía la perspectiva para analizar el desempeño de la gestión de los organismos analizados. También se tiene en cuenta la fidelidad del cumplimiento de las normas por parte de los funcionarios responsables de la gestión. El lector podrá identificar que en esta entidad fiscalizadora, también se presenta la impronta de la norma como marco de acción del funcionario público.

Siguiendo con esta revisión de definiciones de manuales, la CGE de Ecuador (2011: 6), en su definición sobre auditoría de gestión, expone algunas ideas sobre las características intrínsecas del tipo de examen y de quienes son responsables de llevarlo adelante. De este modo dice que, en la auditoría de gestión, el examen debe ser sistemático y profesional, realizado por un equipo multidisciplinario. Este aporte es relevante porque ayuda a dimensionar la importancia del análisis, así como la flexibilidad que debe tener el equipo a la hora de planificar una auditoría de gestión. Esto se relaciona con la diversidad y multiplicidad de aspectos que se pueden abordar en una auditoría de este tipo.[33]

La definición expuesta por la CGE también incorpora la idea de medir la calidad de los bienes y servicios prestados por el organismo ejecutor del plan, programa, proyecto, etc. En este caso, al igual que la dimensión de la equidad, se encuentran dificultades para clarificar el concepto y, por tanto, realizar mediciones.

Por otra parte, la CGE, incorpora un elemento central en el análisis del desempeño, particularmente para auditar programas sociales universales. Este es el impacto socio-económico que genera la intervención del Estado a través de los programas que implementa. Esta definición es sumamente interesante porque incorpora la idea de impacto (indirecto). Es decir, trasciende el circuito del proceso productivo de la política pública, desde una mirada endógena, para dar paso a la contrapartida de la finalidad del plan, programa, proyecto u operación. Entendida esta como objetivo trascendente a los límites del propio plan, programa, proyecto u operación. Dicho de otra forma, se

33 Recuérdese que se describe la auditoría de gestión porque se entiende que esta contiene a la auditoría social de programas sociales universales. Es decir, la auditoría social es un tipo de auditoría de gestión.

incorpora el aporte o contribución que hace el plan, programa o proyecto a la resolución de un problema que excede en su dimensión y magnitud los objetivos del plan, programa o proyecto. Habla del impacto indirecto, es decir, los efectos hacia la sociedad generados por el programa. Recuérdese este aporte ya que es una dimensión diferencial en la auditoría social aplicada a programas sociales universales. La postura de este libro es que el análisis del impacto indirecto (asimilable a impacto socio-económico para la CGE de Ecuador) representa una característica central y diferencial en auditorías sociales de programas sociales universales.

Por su parte, la Organización Internacional de Entidades Fiscalizadoras Superiores (INTOSAI), de acuerdo con las Normas Internacionales de las Entidades Fiscalizadoras Superiores (ISSAI) define la auditoría de gestión o rendimiento incorporando, no solo las tres "E" sino, además, la idea de independencia del examen, propia de las auditorías externas. Sin embargo, el aporte cualitativamente más importante es el de identificar el propósito por el cual se realizan las auditorías de gestión; esto es, el de propiciar llevar adelante mejoras en la gestión (ISSAI 3000, 2004: 11). Esto último no es menor, ya que dicha idea puede estar presente en los auditores que realizan auditorías de gestión, sin embargo no está formalizado en todas las definiciones. Es que la razón de ser de las auditorías de gestión es realizar aportes para un mejor desempeño de la gestión y, en ese camino, deben confluir auditor y auditado. La razón de esto es que las intervenciones que el Estado realiza a través de planes, programas, proyectos, etc., son para brindar bienes y servicios a la comunidad. En este camino los funcionarios públicos tienen la responsabilidad de llegar a esta de la mejor forma, es decir, con el mejor desempeño posible.

En este último orden de cosas la Contraloría General de la República de Costa Rica (CGR, 2006: 3), en su Manual de Normas Generales de Auditoría para el Sector Público, apoya la idea de contribuir a mejorar la gestión, a través de ayudar a la toma de decisiones por parte de los gestores, y adoptar medidas correctivas.

La pregunta que cabría hacerse, luego de comentar las definiciones de INTOSAI y CGR, es para qué se realizan las auditorías de gestión. ¿Es la posibilidad de contribuir a la mejora de la gestión pública, la razón de ser de dichas auditorías? No visto desde el efecto inmediato, sino desde la finalidad de la tarea. Esta idea de aporte a la mejora está presente -expresamente- en las dos definiciones anteriores. En muchas EFS, principalmente de América Latina, existe una cultura de fiscalización de conformidad o auditoría financiera, y no tanto de realizar auditorías que se relacionen con la gestión de programas o proyectos. Es por ello que la lógica del aporte a la gestión puede no estar internalizada debidamente con el fin de desarrollar auditorías exitosas. Téngase en cuenta que se exponen y analizan las características centrales de las auditorías de gestión, entendiendo que estas contienen a las auditorías sociales.

Por otro lado, el Tribunal de Cuentas Europeo (TCE: 8) exalta las dimensiones del desempeño en el marco del cumplimiento de los deberes del funcionario público. De esta manera presenta una idea más general que las expuestas por las EFS referidas anteriormente. No solo debe estar presente el apego a la norma sino, también, el deber y la responsabilidad de quien ejerce un cargo público.

De todas las definiciones comentadas, se desprende que la auditoría de gestión debe contemplar y concluir en términos de lo que se denominan habitualmente, las tres "E", es decir, economía, eficiencia y eficacia. Algunas EFS van más allá y plantean la dimensión de la equidad y calidad, además también aparece la idea de la efectividad o impacto directo, cuando relacionan el producto obtenido con el propósito perseguido.

Por otra parte, aparece en las definiciones de la INTOSAI y la CGR de Costa Rica la idea del "para qué". Es decir, la razón de ser de las auditorías de gestión, presentada como una herramienta para contribuir a la mejora de la gestión pública. Esto puede llevar a la idea de seguimiento como proceso continuo de introducción de mejoras.

De lo expuesto precedentemente, sería importante que se avance con un andamiaje teórico de concepción y acción que incorpore de forma abarcativa todas las dimensiones del desempeño que se puedan identificar, principalmente -y como se verá más adelante- a la efectividad o impacto.

Por otra parte, es deseable que se internalice todo el proceso de auditoría, entendiendo estos elementos como: planificación institucional, planificación de la auditoría, ejecución (examen), informe (comunicación), comentarios del ejecutor, publicación y seguimiento.

Debe aclararse que esta última recomendación no está basada en la creencia de que quienes tienen la responsabilidad de llevar adelante una auditoría de gestión no conozcan el circuito presentado precedentemente, sino que es el entender de quién escribe que la incorporación, principalmente de la idea de seguimiento, en la definición de auditoría de gestión brindaría una contención institucional más formal.

Relevancia de la auditoría de gestión

Primeramente debe recordarse que se realiza el abordaje analítico desde la auditoría de gestión, ya que en este libro se entiende a la auditoría social como un tipo de aquella. Luego, la auditoría de gestión se construye a partir de un conjunto de interrogantes, y la búsqueda de la respuesta de aquellos representa el proceso de ejecución de la propia auditoría. Es la postura de este trabajo que las características expuestas sobre auditoría de gestión son compartidas por las auditorías sociales. Entendiendo que estas últimas son parte de la auditoría de gestión.

Las preguntas que propone formular la práctica de la auditoría de gestión (y en ese camino la auditoría social) pueden ser múltiples y de variada complejidad. En estas líneas no se pretende desandar el camino de la planificación de una auditoría de gestión, sino presentar las bases para entender de qué se trata la realización de una auditoría de gestión, como antecedente de auditorías sociales. Es decir, no se pretende establecer una suerte de "mandamientos", cuyo acatamiento estricto llevará al paraíso a los auditores. En ese marco, se presenta aquí la formulación de preguntas generales, con el convencimiento de que, tanto la auditoría de gestión (como marco general) como la auditoría social de programas sociales se aplican sobre realidades complejas y no estandarizadas. Por tanto, presentar un conjunto de preguntas a realizar, que guíen paso a paso al auditor, representaría una empresa demasiado ambiciosa, a la cual ni siquiera se atreven muchos manuales de auditoría de gestión.

Siguiendo a INTOSAI (ISSAI 3100, 2004: 4), pueden realizarse preguntas muy sencillas, pero al mismo tiempo, muy profundas si se tiene el objetivo de entender el "para qué" se realizan auditorías de gestión. Estas son:

- ¿Estamos haciendo las cosas correctas?
- Si es así, ¿las hacemos de forma correcta?
- Si no, ¿cuáles son las causas?

En ISSAI 3000 (2004: 14) se presentan las preguntas en orden inverso. Así, estas se exponen de la siguiente manera:

- ¿Las cosas se están haciendo en la forma correcta?
- ¿Se están haciendo las cosas correctas?

Es idea de este trabajo que es más pertinente presentar las preguntas en el orden de exposición que se encuentra primero, ya que, como se desarrollará más adelante, el objetivo central aquí es identificar lineamientos para la auditoría social de programas sociales universales. Con esto, se pretende explicar que la visión del auditor de programas sociales debe ser amplia y no debe dejarse encorsetar por estructuras normativas. Lo anterior no quiere decir que se debe restar importancia a las instituciones, sino que el apego a la norma puede sesgar la mirada del auditor, e impedirle, de esta forma, identificar cuestiones relacionadas con el desempeño del plan, programas, actividad, etc.

La pregunta "¿estamos haciendo las cosas correctas?" amplía el alcance del análisis. Se ve que esta clase de preguntas hace referencia a la eficacia o al influjo ejercido sobre la sociedad. El camino por el que transita el auditor puede representar un límite en donde se está al borde de cuestionar la política o la pertinencia de ella. Por supuesto que el trabajo del auditor debe realizarse a la luz del mandato que le es propio en relación con las directrices establecidas por la EFS que lo contiene. Sin embargo, es consenso del conjunto de las EFS que en una auditoría de desempeño, el auditor solo debe opinar sobre si la política implementada fue eficiente, eficaz y económica,[34] no debe cuestionar a la política en sí misma.

La pregunta "¿las hacemos de forma correcta?" se relaciona con el apego a la norma y el cumplimiento de esta. Es importante resaltar que esta pregunta debiera hacerse en segunda instancia, como se expresara precedentemente. No hay en estas líneas vocación de rebelarse ante las instituciones y su estructura normativa, sino exaltar la importancia de identificar primero lo que se hace y luego cómo se hace. En este trabajo recurrentemente se verá la vinculación del control con el mejoramiento en el bienestar[35] de la gente; es por eso que se cree que la forma en que se implementan las políticas puede, en caso de ser necesario, ser modificada a través de consensos y trabajo conjunto auditor-auditado. Sin embargo, el "qué se está haciendo" es algo más difícil de abarcar, por las consideraciones expuestas anteriormente, es decir, el auditor no puede involucrarse en una dimensión política. Sí es importante responder esta pregunta para entender en profundidad la situación que se desea abordar, para conocer las causas de los problemas y para construir un andamiaje de conocimientos que permita opinar sobre las dimensiones del desempeño. Es en esta idea en donde se basa la última pregunta que presenta la ISSAI 3100, es decir, el buscar las causas.

Las normas ISSAI 3000 (2004: 13) expresan que la base de la auditoría de rendimiento o gestión (para este trabajo) está constituida por tres nociones básicas, a saber:

---

34 Pueden agregarse otras "E" o dimensiones del desempeño, dependiendo del mandato de cada EFS.

35 En un sentido amplio, puede entenderse el bienestar tanto material, como biológico, social, cultural, etc.

- Evaluación de las dimensiones del desempeño en todas las actividades del gobierno, con el propósito de contribuir a la mejora en la asignación del gasto, bienes y servicios públicos.
- El auditor que lleva adelante las investigaciones debe contar con información fiable. Adicionalmente debe ser independiente y responder solo a los intereses de la comunidad.
- El auditor debe comprender acabadamente la problemática que estudia; esto le permitirá realizar aportes a la mejora de la administración.

Estas últimas palabras de INTOSSAI (ISSAI 300, 2012, pto. 4) reflejan la posición del organismo en tanto expone que

> [...] la auditoría de desempeño [gestión, para este trabajo] no identifica simplemente las debilidades o errores del pasado, sino que promueve la rendición de cuentas asistiendo a aquellos encargados de la gobernanza y a aquellos que tienen la responsabilidad de supervisión para mejorar el desempeño.

Dimensiones del desempeño

En esta parte del capítulo se presentan las dimensiones del desempeño, con el propósito de establecer las bases del camino que lleva al equipo de auditoría a elaborar el informe de auditoría en términos de las dimensiones del desempeño. Atento a ello, se cree necesario exponer y desarrollar un conjunto de conceptos de base que no encuentran un consenso entre diferentes manuales de auditoría y que forman parte del marco teórico con el cual se trabaja. También, se cree conveniente presentar el programa a auditar como un proceso productivo. Ello tiene una doble finalidad; en lo inmediato, servirá para poder diagramar, ejemplificar y clarificar los conceptos que a continuación se exponen. Por otro lado, resulta de importancia, en el camino del descubrimiento de las particularidades de la auditoría social de programas sociales universales, presentarlo como herramienta, para ser usado por el equipo de auditoría para conocer el programa a auditar y el gestor de dicho programa.

Así, siguiendo a INTOSAI (2004, citado en Rubione, 2012: 4):

> [...] cualquier programa o actividad (y casi todo proceso) puede, al menos en teoría, ser analizado a través de una fórmula que describe cómo pasar de una posición a otra mediante el uso de ciertos insumos, a los efectos de lograr objetivos específicos.

Luego, un plan, programa o proyecto puede presentarse en forma esquemática posibilitando una mejor comprensión de la integralidad del proceso, no solo para los gestores, sino para quienes deben evaluar la intervención.

Figura 3. El programa social como un proceso productivo

Aquí se presenta el programa social como proceso, el cual requiere de recursos (factores productivos, insumos, dinero) para poder combinarlos en un sistema o función de transformación, y así obtener un producto. Este producto será el que intervendrá en la realidad que se pretende cambiar, generando un efecto directo (efectividad, impacto directo). Dicho efecto se evidencia sobre la población objetivo del programa. Además de ser directo, el efecto puede tener la cualidad de desarrollarse en el corto o en el largo plazo. Así, el auditor puede medir los efectos inmediatos y mediatos de la intervención del programa.

Eficacia

La Fundación Canadiense de Auditoría Integral (CCAF-FCVI, 1996: 125), en su manual de *Rendición de cuentas, informe de rendimiento, auditoría comprensiva*, expone que la eficacia es un concepto orientado al grado de cumplimiento de los objetivos de una organización o programa.

En tanto que la AGN (1996: 25), el grado de cumplimiento, referido en el párrafo anterior, lo enmarca en una medida de cantidad, calidad, tiempo, etc.

Adicionalmente, la AGN plantea el requerimiento de un sistema de información que permita registrar lo cuantitativo (cantidades), y precisar desvíos.

La oficina del auditor del Reino Unido (NAO, 1996: 9), en su manual de auditoría *Value For Money Handbook*, expresa que el concepto se refiere a satisfacer o superar los objetivos previstos.

Siguiendo a Cohen y Franco (1993, citado en TCU, 2010), la eficacia se define como el grado de alcance de los objetivos establecidos (bienes y servicios) en un período determinado de tiempo, independientemente de los costos implicados.

La eficacia representa la comparación entre lo planeado y lo realizado; esta relación puede darse en todos los niveles productivos, desde la presupuestación/ejecución del dinero, hasta el establecimiento del propósito/resultado (entendido como enunciado de logro). Por supuesto que aquí se presenta la idea de que cada instancia de planificación tiene su correlato en la ejecución. La posibilidad de separar el proceso en fases estimula la posibilidad de evaluar la eficacia en cada una de ellas y no solo en la instancia de producto (Rubione, 2012).

Es importante destacar que en el momento de la planificación, el organismo, plan, programa, etc., establece parámetros, metas u objetivos a alcanzar. Estos criterios deben ser tenidos en cuenta por el auditor a la hora de medir la eficacia.

A la idea anterior, la refuerza INTOSAI (ISSAI 3000, 2004: 18) cuando expone que la eficacia es "lograr los propósitos u objetivos estipulados", y avanza sobre un conjunto de preguntas que echan luz al tratamiento de esta dimensión del desempeño, a saber: "¿Se están cumpliendo los objetivos estipulados de acuerdo con los medios empleados, los productos obtenidos y los influjos observados? [...]".

Sumado a lo antedicho, el Tribunal de Cuentas Europeo (TCE: 9), en su *Manual de auditoría de gestión*, expone que la eficacia se refiere a la consecución de los objetivos específicos y al logro de los resultados. Es decir, satisfacer los bienes previstos o identificar en qué medida fueron alcanzados.

La evidencia expuesta precedentemente hace concluir, y por tanto se adopta esa idea en este trabajo, que la eficacia se establece en cada instancia del proceso productivo, identificando en cada una de las instancias lo planificado y lo ejecutado, para luego medir el grado en que se cumplió lo planificado y determinar los desvíos.[36]

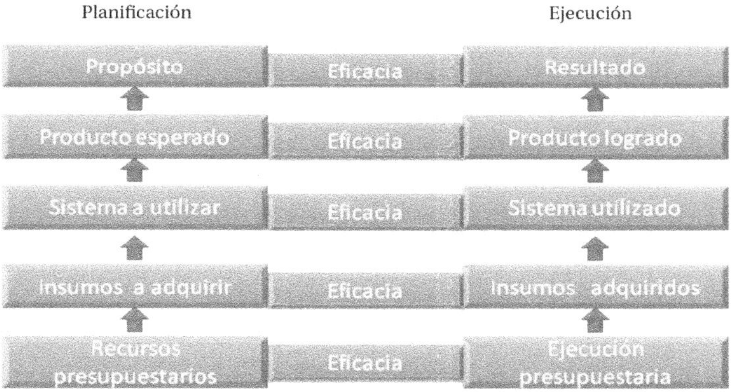

Figura 4. El programa social como un proceso productivo

Cabe aclarar que INTOSAI y la NAO avanzan sobre otra pregunta relevante: ¿los efectos constatados son realmente consecuencia de la política en cuestión, y no de otras circunstancias? Sin embargo, a los fines de este libro, se verá más adelante que esta pregunta se relaciona con la idea de efectividad o impacto.[37]

36 Esta última parte es importante para, en la parte final de la auditoría, realizar las recomendaciones en términos de esa dimensión del desempeño.

37 Se verá más adelante que esta última pregunta es de importancia en la construcción del conocimiento del programa social a auditar.

Economía

Para la Fundación Canadiense de Auditoría Integral (CCAF-FCVI, 1996: 125), este es un concepto asociado con la adquisición de insumos en la cantidad y de la calidad apropiada al costo razonablemente más bajo.

Se suma a este planteo de minimización de costos con resguardo de la calidad, la Oficina del Auditor del Reino Unido (NAO, 1996: 9). En esta misma línea, se pronuncia la INTOSAI, que, en sus normas ISSAI 3000 (2004, citado en TCU, 2010), adhiere a la idea de que la dimensión de economía se refiere a la minimización de costos sujeta a la restricción de calidad constante, es decir, sin comprometer la calidad. Dicho de otra manera, se pretenden minimizar costos de los recursos utilizados para cierta actividad, con la calidad requerida. Tampoco se aleja de esta idea el Tribunal de Cuentas Europeo que, en su manual de auditoría de gestión (TCE: 9), expone que, en referencia a la dimensión del desempeño, el gestor del programa deberá disponer de los recursos necesarios para llevar a cabo sus actividades. Esto deberá hacerse en el momento oportuno, con calidad y al mejor precio.

En tanto que para AGN (1996: 25), la economía supone "[...] evaluar si los resultados se están obteniendo a los costos de oportunidad alternativos más bajos posibles, y si satisfacen las necesidades que los originaron". En este último caso se presenta la idea de mejor opción en la satisfacción de necesidades.

De las definiciones expuestas, se concluye, lo cual adopta este escrito, que la economía, como dimensión del desempeño, opera sobre el costo de los insumos. Debe aclararse que, como la combinación de insumos y recursos genera un producto con características cuantitativas y cualitativas diferentes, no es lo mismo indicar que la economía se relaciona con el costo de los insumos que con el de los productos (Rubione, 2012: 7).

Eficiencia

La Fundación Canadiense de Auditoría Integral (CCAF-FCVI, 1996: 125), en su manual, postula que este es un concepto asociado con el uso de los recursos al menor costo, maximizando lo producido. Se vincula con la alta productividad y/o el tiempo de gestión. En tanto que la AGN (1996: 25) plantea la relación entre los bienes o servicios producidos y los recursos utilizados para producirlos, como definición de eficiencia.

En palabras de la INTOSAI (2004: 16), la eficiencia se refiere a aprovechar lo mejor posible los recursos disponibles y, según el Reino Unido (NAO, 1996: 9), es maximizar la relación insumo-producto.

No se aleja de las ideas antes expuestas, la Unión Europea con su entidad fiscalizadora superior (TCE: 9). Así, se expone que el principio de eficiencia se refiere a la mejor relación entre los medios empleados y los resultados obtenidos.

Esta dimensión del desempeño también puede explicarse desde el herramental analítico de la ciencia económica. De este modo, puede identificarse que, desde esta mirada del desempeño, se identifican recursos (factores productivos e insumos) y una decisión de cómo combinarlos e interrelacionarlos para obtener el producto deseado. Esto es lo que se llama "función de producción".[38] La idea de eficiencia opera en la comparación de ese conjunto de

---

38 La función de producción no solo se refiere a la línea de operaciones, sino a todo proceso que involucra recursos combinados para generar o producir bienes o servicios diferentes a los factores que le dieron forma.

recursos con el producto generado. Así, se trata de medir la combinación óptima de factores e insumos para generar un producto de calidad. En este camino de análisis, la dimensión del tiempo es fundamental para medir la eficiencia. Las preguntas que nacen de este análisis pueden ser: ¿se está obteniendo el máximo de producto con los recursos dados? O ¿se cumple la minimización de costos para obtener una determinada cantidad de producto con un estándar de calidad dado? Ambas preguntas se refieren a lo mismo, explotar al máximo la cantidad de producto que se puede generar con los mínimos costos posibles.

Seguramente el lector observó que, en el desarrollo de esta dimensión del desempeño, en un primer momento se habla de cantidad de recursos y luego se habla de costos. En realidad, cuando se explica el concepto de eficiencia dentro de una función de producción, se habla de utilización de recursos y las diferentes combinaciones óptimas de estos para generar un producto con la calidad requerida y en el tiempo establecido. No obstante, esa función de producción se presenta en la práctica como un proceso productivo que integra componentes diversos. Para homologar la medición de estos, se utiliza la unidad de cuenta más tradicional, que es el dinero. Luego, la obtención de estos recursos representa un costo de producción, y es ese costo el que se compara con el producto generado. Por supuesto que este proceso no es lineal y lleva sus complejidades. En la exposición de este proceso productivo, pueden observarse de manera más clara las relaciones que dan origen a las dimensiones del desempeño hasta aquí expuestas.

Figura 5. El programa social como un proceso productivo

Efectividad o impacto

Para el desarrollo de esta definición, deben hacerse algunas aclaraciones previas. Esta dimensión del desempeño encuentra los mayores disensos en la literatura. Se tratará aquí de utilizar una denominación clara y concreta, ya que esta es central en el análisis que desde la auditoría se realiza a los programas sociales.

Para la INTOSAI (ISSAI 3000, 2004: 17), la cuestión de la efectividad se conforma de dos partes: la primera dice si los objetivos de la política fueron alcanzados, y la segunda muestra si esto puede ser atribuido a la política implementada.

La definición de efectividad, como ya se expresó, es la dimensión que encuentra mayores disensos, ya que algunos manuales la relacionan con la eficacia, como en la CGE de Ecuador (2011: 6). Ello radica en que el término en inglés *effectiveness* tiene una doble acepción: efectividad y eficacia. En este sentido, el Reino Unido toma esta definición (NAO, 1996: 9). Ahora bien, la parte neurálgica de la definición se centra en si el logro de los objetivos puede ser atribuido a la política implementada. Es decir, ¿los efectos constatados son realmente consecuencia de la política en cuestión, y no de otras circunstancias? Esto también podría identificarse como impacto directo, cuando se habla de los efectos a corto plazo y/o los efectos hacia los grupos que son los receptores directos de la política. No siempre se identifica a la efectividad con el impacto; en este libro se relacionan estos conceptos diferenciando los efectos o impactos directos, de los efectos o impactos indirectos.

Siguiendo a Rubione (2012), puede afirmarse que la efectividad es la relación entre el producto ("qué") y los resultados ("para qué"), en términos del diagrama presentado por Rubione (2012) y tomado aquí (véase la figura 3). Es decir, la efectividad muestra la capacidad de lograr el efecto que se espera. A través de esta dimensión, se conocen las consecuencias de la implementación de la política que le dio origen. Esto último, como se mencionó anteriormente, puede separarse en consecuencias o efectos directos, y efectos indirectos.

Es de suma importancia comprender que este libro intenta brindar claridad al concepto de efectividad o impacto (directo e indirecto). La presentación de diversos puntos de vista en cuanto al significado da cuenta de un trabajo de investigación cuyo propósito es mostrar las diferentes posturas, para luego exponer la propia en este libro.

Según la CGE de Ecuador (2011: 8) el impacto (o "efectividad", en algunos manuales) "[...] controla y mide si el bien o servicio cumple con el propósito final para el cual fue diseñado". El lector podrá identificar la complejidad de la frase, aquí debería clarificarse a qué se refiere la CGE cuando habla de "propósito final". Es decir, ¿se está hablando del efecto inmediato del producto hacia el beneficiario, o de una contribución a un fin superior, enmarcado en una política que contiene al programa que se audita? En ese caso es importante separar los efectos directos -es decir, los impactos directos- de la intervención del Estado, de los efectos indirectos -es decir, los impactos indirectos-. Claramente, estas últimas no son dimensiones que puedan identificarse fácilmente desde el mero planteo intuitivo. Por tal motivo, resulta relevante exponer los conceptos con los que se trabajará con el fin de evitar confusiones o interpretaciones erróneas.

El Tribunal de Cuentas Europeo (TCE: 4) expone en su manual que el impacto representa las consecuencias socioeconómicas a largo plazo, que afectan a los beneficiarios de la intervención o a terceros, es decir, efectos directos o indirectos. Claro está que para realizar este tipo de análisis debe transcurrir determinado período de tiempo y así obtenerse resultados concluyentes. Aquí se expone el eje central del análisis, esto es, los efectos inmediatos y mediatos, directos e indirectos. Siguiendo a Cohen y Franco (1993, citado en TCU, 2010):

> Efectividad se refiere a la medida de los resultados deseados, a medio y largo plazo. Se refiere a la relación entre los resultados de un programa de intervención o en términos de los efectos sobre la población objetivo (los efectos observados), y los objetivos deseados (impacto esperado), traducido por los objetivos finales de la intervención. Esto es para verificar la ocurrencia de cambios en la población objetivo que podrían ser razonablemente atribuidos a las acciones del programa evaluado (p. 8).

En este caso, se habla de efectos directos tanto en el corto como en el largo plazo. Igualmente sigue entrando en el ámbito de la endogeneidad del programa, es decir, el interés radica en conocer las consecuencias sobre el problema que dio origen. No se refiere a efectos indirectos sobre poblaciones que no son parte del propósito del programa. Luego, las normas ISSAI (2004, citado en TCU, 2010: 8) hablan de la necesidad de establecer un tratamiento metodológico específico buscando relaciones de causalidad entre las variables del programa y los efectos observados, comparándolos con un escenario de no intervención del programa.

Esos efectos de los que habla el TCU pueden ser directos o indirectos, mediatos o inmediatos, tal cual se dejaba ver en los comentarios del TCE. En este sentido se podría ir más allá y separar los efectos endógenos, los que representan las consecuencias directas e inmediatas de la intervención del programa, y los efectos exógenos, que son los que se relacionan con las consecuencias indirectas y mediatas del programa, aquello con lo cual el programa contribuye.

En este libro se presenta el impacto directo (efectividad endógena) como aquel que muestra las consecuencias de corto plazo de la política implementada, que deja visualizar los efectos sobre los grupos de interés, aquellos para los cuales fue diseñada la política. En este sentido, un programa de vacunación tiene como "producto" a la vacunación en sí misma y como "resultado" ("para que"), aumentar la esperanza de vida. El impacto directo (efectividad endógena) permite conocer los efectos de esa política, es decir, si realmente se aumenta la esperanza de vida.

Por otra parte, en este trabajo también se identifica el impacto indirecto (impacto secundario o efectividad exógena), el cual permite conocer las consecuencias de largo plazo que afectan a otros grupos que no son de interés de esa política particular. Es decir, los efectos indirectos, a largo plazo, de las variables no observables del modelo como política pública. Se trata de lo que Rubione (2012) define como la realización de la finalidad, es decir, la medición de la contribución a un objetivo superior.[39] En el ejemplo del programa de vacunación, esta finalidad puede relacionarse con la custodia de los derechos del niño.

Otro ejemplo adicional al programa de vacunación se presenta en un PTC, el cual tiene como producto (el "qué") las transferencias condicionadas (dinero, computadores, alimentos, etc.). Tiene un propósito (el "para qué" endógeno) que depende de las condicionalidades que se requieran para ser aceptado. En general, se persigue dotar al beneficiario de ciertas capacidades que le permitan desarrollarse más allá de la asistencia del programa y permanencia en él. Además posee una finalidad (el "para qué" exógeno o contribución a un objetivo superior) que puede ser contribuir a la disminución de la pobreza.

Todo lo anterior puede ser evaluado bajo la dimensión del impacto (o efectividad) tanto directo (primario) como indirecto (secundario). El impacto directo permite conocer la capacitación o adquisición de habilidades otorgadas por esa restricción que representa la condición. El impacto indirecto es, por ejemplo, el aumento de la oferta en el mercado laboral en ciertos oficios.

Equidad

Adicionalmente a las dimensiones del desempeño desarrolladas precedentemente, puede incorporarse la dimensión de la equidad. Así, el TCU (2010: 8) expone que el examen de equidad puede ser derivado de la dimensión de la efectividad de la política pública. Se basa en la necesidad de tratamiento diferenciado, a partir del reconocimiento de diferencias entre individuos.

---

39 Debe aclararse que este autor define esto como "impacto" (exógeno), es decir, lo diferencia de la efectividad (endógena).

Si bien es difícil observar que se presenten en diversos estudios sociales, indicadores o ratios que midan la equidad en forma directa, se encuentran formas de medir esta dimensión en forma indirecta. Auditorías externas de programas exitosos en América Latina muestran en sus indicadores abordajes de proceso, producto o impacto, pero difícilmente se encuentren indicadores que midan la equidad.

El desempeño

El análisis de las dimensiones del desempeño propone un estudio en donde el equipo de auditoría debe modelar el programa a evaluar. De esta manera, es posible conducir y estructurar una planificación de la auditoría que brinde elementos válidos en términos de eficiencia, eficacia, economía, efectividad o impacto (directo e indirecto).

La estructura del modelo se basa en identificar supuestos, desarrollo del modelo y conclusiones. El pleno conocimiento de estas partes componentes permite al equipo de auditoría opinar sobre si los cambios en la realidad intervenida son efecto del programa implementado o atribuibles a efectos externos al programa. Es decir, son parte del entorno del modelo y tomados como factores condicionantes de este.[40]

Nirenberg y otros (2000: 139), en sus reflexiones sobre evaluación de programas sociales y la presentación de un modelo evaluativo, expresan que este último debe contener, en primer lugar, un andamiaje teórico que existe por

40 La referencia a un modelo evaluativo es para que el lector internalice la idea de un estudio estructurado, que en este trabajo se identifica a partir de pasos a seguir (en la forma de lineamientos) para conocer el objeto de auditoría y, posteriormente, identificar falencias en el desempeño. El auditor identifica cuestiones de auditoría (cuestiones con alto riesgo) y se aboca a la fiscalización de esas cuestiones.

detrás del plan, programa o proyecto que constituye el objeto de evaluación. Por esta razón, el modelo debe contener en su presentación inicial (contextualización, presentación de antecedentes o como quiera llamarse), la concepción ideológica que sustenta la intervención social. Ejemplo de ello puede ser este mismo trabajo, en tanto que en el primer capítulo se expone la corriente ideológica que nutre el desarrollo de ciertos programas sociales. En la formulación de un programa social siempre está presente en forma expresa o tácita, la ideología con la cual se parte para llevar adelante la intervención. Se ha visto precedentemente que el programa social universal se encuentra muy distante de programas focalizados. Lo anterior se refiere a la lógica de concepción de la formulación del programa, es decir, desde dónde se para el hacedor de la política social. En esta línea puede pensarse que un programa formulado y ejecutado con una concepción universal incorpora fuertemente en su análisis la contribución que tiene el programa a un objetivo superior, esto es, el análisis de impacto indirecto (o efectividad exógena).

En un programa de ataque a la pobreza, el efecto de la disminución de la pobreza puede deberse a factores externos a la intervención del programa. Por ello resulta de vital importancia la idea de explicar más que describir, es decir, buscar causas, estructurar un análisis de causas y efectos, entre otros. Ello posibilitará visualizar el programa en la forma de un proceso productivo, lo cual aporta claridad al análisis, permite una mayor y mejor comprensión.

Supóngase que un programa establece la transferencia de ingresos monetarios con el propósito ("para qué") de darles capacidad de consumo a las familias más vulnerables, y contribuir a la salida de la pobreza extrema, como finalidad (aporte a un objetivo superior). Aquí es necesario delimitar la incumbencia del programa y su entorno, para poder identificar los efectos de la intervención del programa. Es decir, conocer las consecuencias de la intervención, los impactos directos (primario o efectividad endógena), pero además, medir y evaluar los impactos indirectos (secundarios o efectividad exógena), los cuales representan un aporte a un objetivo superior.

Puede suceder que, como parte de un conjunto de políticas de Estado, se implemente una política de tipo de cambio competitivo que estimule e incentive a la industria a producir más para exportar. Lo último llevaría, entre otras cosas, a demandar más mano de obra. Esta situación generaría un aumento del empleo y, por tanto, un estímulo a salir de la pobreza a muchas familias que hasta el momento estaban desempleadas. En este contexto debe identificarse si la salida de la pobreza de muchas familias es efecto de la política social o de la cambiaria. Si bien la capacidad de acotar el análisis no es tarea sencilla, resulta de suma importancia hacerlo para poder determinar la eficiencia, economía, eficacia, efectividad o impacto de la política social, objeto de nuestro estudio de auditoría.

Enfoques

Puede entenderse el "enfoque" como abordaje analítico que el auditor elige apelando a su juicio profesional con el objetivo de profundizar sus conocimientos sobre el objeto de auditoría, dado el contexto. Como se mencionará más adelante, el enfoque de la auditoría se ve determinado por los objetivos trazados de la auditoría

En este contexto, es trabajo de los auditores lograr entender la naturaleza específica del objeto de auditoría. De esta manera, deberán adoptar una actitud abierta, trabajando fuertemente sobre las interacciones de los miembros del equipo de auditoría, y presentar (por lo menos hasta este momento) el inicio de un camino de construcción que concluirá en la presentación del informe.

En este camino de construcción del equipo de auditoría, atento al juicio profesional de sus integrantes, pueden evidenciarse distintos enfoques de revisión del desempeño. Siguiendo a la INTOSAI (ISSAI 3100, 2004: 3), puede encontrarse que

> [...] las auditorías de desempeño [gestión, para este trabajo] generalmente siguen uno de los tres enfoques de revisión del desempeño de la entidad auditada. La Auditoría puede tomar un enfoque orientado a resultados, el cual evalúa si los objetivos predefinidos se han alcanzado como se esperaba, un enfoque orientado a problemas que verifica y analiza las causas de un (los) problema(s) en particular, o incluso un enfoque orientado a sistemas, el cual evalúa el buen funcionamiento de los sistemas de gestión: o una combinación de los tres enfoques.

Por otro lado, la auditoría de desempeño también puede adoptar perspectivas de análisis. La organización que nuclea a las Entidades Fiscalizadoras Superiores, INTOSAI, describe en sus normas que la auditoría de desempeño puede adoptar diferentes perspectivas (ISSAI 3100, 2004: 3). Así, pueden identificarse dos perspectivas claramente diferenciadas:

- Perspectiva arriba-abajo (*top-down perspective*), que se enfoca en los requerimientos y expectativas del Poder Legislativo o Ejecutivo. Es decir, se atiende a inquietudes desde un poder superior, en términos de jerarquías, para luego bajarse al trabajo de campo, que es aquel en donde se obtendrán los resultados de la auditoría.

- Por otra parte se encuentra la perspectiva abajo-arriba (*bottom-up perspective*), que se enfoca en los efectos de la actividad en la entidad auditada y en la comunidad en general. En este caso, las iniciativas parten de identificar las cuestiones de auditoría que surgen de la observancia de la comunidad en general, y los temas que de ella emanan.

Las EFS como tales realizan una auditoría de gestión que, independientemente del enfoque o perspectiva adoptada, apuntan principalmente hacia la revisión de la economía, eficiencia, eficacia y en el mejor de los casos, efectividad o impacto del ente, órgano, plan o programa auditado. Debe aclararse que, por lo menos para estas latitudes, no es posible cuestionar la política o su formulación. Sí se puede observar, en términos auditoriles, el resultado o *performance* de la política desde las dimensiones del desempeño. Actividad esta que se realiza apoyándose en herramientas tales como matrices o indicadores, como se verá en el capítulo siguiente.

De acuerdo con el Grupo de Trabajo sobre Evaluación de Programas de la INTOSAI (ISSAI 3000, 2004: 25), la fiscalización y la evaluación pueden dividirse en las siete categorías siguientes:

- Fiscalización de la regularidad: ¿se cumplen las reglamentaciones? ¿Se cumplen las leyes, resoluciones, decretos vigentes? En definitiva, ¿se cumple con la normativa vigente?
- Fiscalización de la economía: ¿los medios elegidos representan el uso más económico de los fondos públicos en la gestión específica? ¿Se cumple con el mínimo costo, asegurando la calidad y cantidad adecuadas?

- Fiscalización de la eficiencia: ¿los resultados obtenidos son proporcionales a los recursos empleados? ¿Se cumple con el postulado de maximización de la relación insumo-producto? ¿Se evidencia la mejor relación entre los medios empleados y los resultados obtenidos?
- Fiscalización de la eficacia: ¿los resultados son coherentes con la política? ¿Cuál es el grado de cumplimiento de los objetivos de una organización o programa?
- Evaluación de la coherencia de la política: ¿los medios empleados por la política son coherentes con los objetivos fijados? ¿El diseño de la política se relaciona con los objetivos propuestos?
- Evaluación del influjo de la política: ¿cuál es el influjo económico y social de la política? ¿Cuáles son los efectos puros de la intervención del Estado?
- Evaluación de la eficacia de la política y análisis de las causas: ¿los resultados observados se deben a la política, o existen otras causas?

Por otra parte, la Oficina del Auditor General (GAO) de los EE. UU. define cuatro tipos frecuentes de evaluación de programas en la auditoría del rendimiento, es decir, gestión, para este trabajo:

- La evaluación de procesos
- La evaluación de productos
- La evaluación del influjo
- La evaluación del coste-beneficio y del coste-eficacia o coste-efectividad

Esta tipología presentada por la GAO es comentada por la INTOSAI. Así, para la evaluación de procesos, el organismo que nuclea a las EFS a nivel internacional expresa en sus normas (ISSAI 3000,2004: 26) que, para la evaluación de procesos, los auditores deben valorar el grado en que el programa está funcionando en la forma deseada. Suele hacer referencia a la conformidad o apego a las normas de las actividades del programa, el diseño del programa y las normas profesionales o las expectativas de los ciudadanos.

Por otra parte, para el caso de la evaluación de productos, la INTOSAI (ISSAI 3000, 2004: 26) expresa que los auditores deben valorar el grado en que un programa logra sus objetivos. Pone el foco en los productos obtenidos, con el objetivo de juzgar la eficiencia de los programas, y destaca, además la calidad y la satisfacción de los ciudadanos.

Este también puede involucrar la evaluación de procesos que generan el producto a evaluar. En tanto que INTOSAI, a través de sus normas (ISSAI 3000, 2004: 26), indica que la evaluación de influjo valora el efecto de un programa, comparando los productos de este con una estimación de lo que podría haber ocurrido en su ausencia. Esta evaluación se utiliza para identificar efectos de variables observables con factores externos y condicionantes sobre dichas variables.

Para el último tipo de evaluación presentado por la GAO, se utiliza una relación del resultado obtenido con los recursos insumidos. Valora el coste de cumplir un único objetivo o meta, y puede utilizarse para identificar la alternativa menos costosa para satisfacer dicho objetivo. El análisis de coste-beneficio se propone identificar todos los costes y beneficios pertinentes. Debe aclararse que el análisis costo-efectividad es una práctica poco usual por estas latitudes, por el contrario está fuertemente arraigada en la tradición anglosajona de auditoría. A esta práctica se la conoce habitualmente como "valor por dinero" o "*Value for Money*" (VFM). En ese caso es habitual encontrar expresiones tales como: "cada desempleado le cuesta al Estado XX unidades monetarias". En el caso que se auditen seguros de desempleo, se puede pensar que el costo por desempleado va más allá de la mera transferencia monetaria que representa la asignación por desempleo. A ello debe sumarse toda la estructura estadual que sustenta y permite la entrega de estos subsidios en tiempo y forma a la totalidad de la nómina de beneficiarios.

Como puede verse, la temática de enfoques ofrece un abanico de posibilidades y clasificaciones, dependiendo de las normas o prácticas definidas por las EFS. Sumado a ello, la posibilidad de que un equipo de auditoría realice una auditoría de gestión orientada a problemas depende de las aspiraciones de la EFS y del marco normativo que la contenga.

En este libro se sigue la estructura que plantea INTOSAI y que ha sido expuesta primeramente; esto es, tres enfoques: resultados, problemas y sistemas. Por motivos de claridad expositiva, el enfoque de problemas se lo llamará "enfoque de causas", ya que, en definitiva se busca encontrar las causas de los problemas que le dieron origen a una política.

Por otra parte, también por motivos de claridad expositiva, el enfoque de resultados se lo denominará, en este libro, "enfoque de efectos". Se eligió el empleo de este término ya que lo que se busca conocer son los "efectos" directos o primarios (asimilándolo a la denominación de resultado propuesta por INTOSAI). Pero además, este trabajo avanza más allá de esa idea, e integra los efectos indirectos o secundarios, aprovechando la idea intuitiva más amplia que ofrece la denominación de "efectos". Esto es, se utiliza una denominación general que abarque la efectividad o impacto directo (primario) y el impacto indirecto (secundario). Se deja de lado el término "resultado" para que no represente ambigüedades, ya que este se ha presentado, al momento de plantear el objeto de auditoría (plan, programa, organismo, etc.) como un proceso productivo, como expresión del propósito en la etapa de ejecución. En el proceso productivo planteado precedentemente, el propósito (etapa de formulación) y el resultado (su par en la etapa de ejecución) representan el "para qué" (para qué se hace este trabajo). En este sentido, tanto el propósito (etapa de formulación) y resultado (su par en la etapa de ejecución) se presentan como aspiración (objetivo) a alcanzar (propósito) o alcanzada (resultado), pero no como una medición de este. Es deseable que los resultados esperados se expresen en el modo no personal del verbo, por ejemplo, reducir la mortalidad infantil (propósito) o mortalidad infantil reducida (resultado).

Se verá en el capítulo siguiente que el tipo de programas para los cuales se presentan lineamientos utilizan una interrelación de enfoques; estos son los enfoques de causas (orientados a problemas, según INTOSAI) y efectos (asimilables al orientado a resultados, según INTOSAI).

Como se mencionara más arriba, la auditoría con enfoque de causas (orientada a problemas) puede ser complementaria de la auditoría de efectos (asimilable a orientada a resultados), y esta es la postura que adopta este libro para proponer los lineamientos para la auditoría de programas sociales universales, en la forma de programas de transferencias condicionadas.

Este enfoque conjunto o interrelacionado permite abordar el objeto de auditoría y realizar una investigación o análisis sobre el plan, programa, proyecto o ente. A ello se lo conoce como estudio preliminar. Dicho estudio es condición necesaria en el inicio de toda auditoría porque perfila qué es lo que se auditará. Es decir, el conocer lo que se va a auditar es un proceso continuo que requiere de la identificación de riesgos en diferentes áreas, las cuales serán centro de la auditoría. Todo ello se presentará hacia el final de la planificación, en una "matriz de planeamiento". Debe entenderse que la auditoría no se realiza sobre todas las dimensiones del plan, programa, proyecto o ente. Cuando el equipo realiza una auditoría financiera, el enfoque será "de conformidad" o apego a la norma. En el caso de las auditorías sociales (las que se encuentran dentro de las auditorías de gestión), el enfoque es el ya mencionado de efectos (asimilable a resultados, para INTOSAI) y búsqueda de causas (problemas, para INTOSAI). Esto representa la brújula primaria del auditor, es decir, qué va a buscar y cómo va a buscar. Le requiere, al equipo de auditoría, un proceso de conocimiento del ente, identificar las debilidades y amenazas, y medirlas en términos de probabilidad de ocurrencia, es decir, de riesgo. Son las áreas más riesgosas, las que se convierten en cuestiones de auditoría o temas a auditar. Para luego presentar la información requerida, de dónde se extrae dicha información y cómo se la elabora hacia el interior del equipo de auditoría, en la llamada "matriz de planeamiento". Esta matriz permitirá conducir de manera ordenada el trabajo de auditoría y concluir en términos de las dimensiones del desempeño.

Criterios

Según la INTOSAI (ISSAI 3000, 2004: 119), los criterios de auditoría son niveles razonables y alcanzables de desempeño con los cuales se compara la *performance* del organismo, plan, programa, etc., auditado. Representan un parámetro, un patrón de referencia de lo deseable con respecto a la materia de revisión. Es decir, un sensor contra los cuales se compara lo analizado para encontrar hallazgos que se transformen en observaciones. En el caso de la auditoría de gestión, no se encuentran criterios o patrones de referencia estandarizados, en atención a la naturaleza del tipo de auditoría que se realiza.[41]

Luego de acceder a un conocimiento general del objeto de auditoría, e identificar las cuestiones de auditoría, el auditor debe seleccionar, en la fase de planificación detallada, los criterios de evaluación basándose en su juicio profesional, que le servirán de parámetros para examinar las condiciones del plan, programa u organismo a auditar. Es decir, los criterios le permitirán tener un parámetro con que comparar lo realizado, en su estudio de las cuestiones de auditoría. En la identificación de criterios de evaluación, el auditor puede apoyarse y acudir a diversas fuentes, así puede, según su juicio, atender a indicadores de gestión establecidos por el propio sujeto de auditoría, las mejores prácticas y todo elemento que le sirva de parámetro para realizar la tarea de fiscalización (CGR, 2006).

En toda esta exposición acerca de los criterios del auditor, la CGR de Costa Rica (CGR, 2006) puntualiza sobre atributos de estos criterios y la necesidad de hacerlos explícitos hacia el organismo auditado. De este modo esta EFS expone:

> Los criterios de evaluación deben ser claros, medibles, fiables, razonables, oportunos, comparables; además, deben mantener una adecuada relación con el objetivo de la auditoría y las actividades relacionadas. [...] El auditor debe comunicar a la Administración los criterios que servirán de base para la evaluación, una vez que hayan sido establecidos (p. 17).

---

41 Nótese que durante todo el capítulo II se habla de auditoría de gestión, ello se refiere a que la postura de este trabajo es que la auditoría social es un tipo de auditoría de gestión y, por tanto, es relevante caracterizar la auditoría de gestión como marco de referencia analítico. En el capítulo III se expondrán algunas consideraciones que, partiendo del andamiaje conceptual de la auditoría de gestión, caracterizan a la auditoría social.

El criterio que elige el auditor para evaluar el desempeño del objeto de auditoría se presenta como un estándar, contrastándolo con la ejecución real del plan, programa, proyecto u organismo. Si se estuviera realizando una auditoría financiera, el sensor por excelencia son las normas que establecen cómo debe exponerse la información financiera, tanto en estados contables como cuadros financieros. Luego, al contrastar la ejecución con la normativa, puede opinarse sobre la "razonabilidad de la información expuesta".

Para el caso de auditorías de gestión (como marco de las auditorías sociales), la elección del sensor no suele ser tan sencilla, depende de lo que se audita. Por tal motivo es imprescindible el camino de conocimiento del ente a auditar; es allí donde se encuentran criterios, varas con las cuales medir el desempeño y compararlo con un estándar. En este sentido, en la auditoría de programas sociales, pueden utilizarse como referencia niveles de desempeño de programas similares que han demostrado ser exitosos en otras partes del mundo (principalmente en América Latina).

Planificación

Los auditores de gestión pueden tratar gran cantidad de temas y perspectivas que abarcan la totalidad del sector público. También pueden utilizar -y combinar- una gran diversidad de métodos para recoger, procesar y analizar información, teniendo presentes el objeto de auditoría y los objetivos propuestos. Para el tema que trata este libro, el objeto de análisis son programas sociales formulados con lógicas universalistas y abordadas desde la auditoría social. Es decir, los auditores que realizan auditorías de programas sociales también se ven alcanzados por la diversidad a la que se hace referencia en las auditorías de gestión, atento a que estas últimas contienen a las primeras. Debe puntualizarse aquí que tanto el enfoque de auditoría como los criterios definidos por el equipo de auditoría (vara contra la que se contrasta la ejecución del plan, programa, proyecto u organismo) contribuyen a la construcción de un camino que conduce a la auditoría por un lugar determinado. Así, siguiendo el *Manual de auditoría* de la Contraloría General de la República de Costa Rica (CGR, 2006: 16), puede expresarse lo siguiente: "El auditor debe definir los objetivos de la auditoría, el alcance (hasta dónde va a llegar la fiscalización o análisis), la normativa técnica aplicable y otros criterios de evaluación, para alcanzar los resultados esperados de la auditoría". Luego, la CGR de Costa Rica (2006: 16) plantea que, en la selección de los temas o áreas (cuestiones de auditoría) que pueden ser objeto de la auditoría, se deben considerar ciertos elementos, a saber:

1. La potencial contribución de la auditoría a mejorar la gestión de la Administración Pública. Es decir, el aporte que la auditoría pueda realizar a la mejora del desempeño del programa, proyecto, etc.
2. Los resultados de la autoevaluación del sistema de control interno y la información que genera el sistema específico de valoración de riesgo institucional del sujeto de auditoría.
3. El interés del tema a auditar. Es decir, la relación que debe establecer el control y la rendición de cuentas con la ciudadanía.
4. La evaluación del riesgo de las áreas a auditar (cuestiones de auditoría). Es decir, el proceso por el cual se identifican riesgos inherentes y de control presentes, la evaluación de su impacto potencial y probabilidad de materialización.

La etapa de planificación de una auditoría comprende, en primera instancia, la planificación preliminar y, como paso siguiente, la planificación detallada (CGR, 2011: 16).[42]

El análisis preliminar o planificación preliminar consiste en el relevamiento de informaciones relevantes sobre el objeto de auditoría para hacerse del conocimiento necesario para una posterior formulación de las cuestiones a examinar por la auditoría (cuestiones de auditoría) (TCU, 2010: 18).

Siguiendo con las consideraciones a ser realizadas en referencia a la planificación, la EFS de Costa Rica (CGR, 2006) expone:

> En la planificación preliminar el auditor debe obtener información general sobre el asunto objeto de estudio, determinar la viabilidad de efectuar la auditoría conforme el objetivo establecido, así como identificar las actividades, que se definen como líneas de auditoría [cuestiones de auditoría] o áreas de indagación (p. 16).

Siguiendo al Tribunal de Cuentas de la Unión (TCU, 2010: 18):

> La comprensión del objeto de la auditoría (a través de la etapa de exploración y conocimiento del plan, programa, proyecto, etc.) permite identificar riesgos y puntos críticos [cuestiones de auditoría] existentes y es indispensable a la definición del objetivo y del alcance de la auditoría.

---

42 La planificación de la auditoría consta de los siguientes elementos: conocimiento de la entidad; elección de líneas de auditoría, áreas críticas o cuestiones de auditoría; criterios; técnicas de diagnóstico generalmente aceptadas (análisis de riesgos, FODA y matriz de marco lógico); programa detallado de auditoría o planificación detallada.

Resulta de importancia que el equipo de auditoría logre investigar, documentar y comprender con la debida profundidad los aspectos centrales del objeto de auditoría. En este sentido, la profundidad y el nivel de detalle de los datos que serán recabados deben estar en consonancia con el objeto investigado, el tiempo y los recursos disponibles por el equipo.

El relevamiento de informaciones puede ser estructurado de la siguiente forma (ISSAI, 2004, citado en TCU, 2010: 19):

1. El objeto y su contexto: fuentes de conocimiento de la entidad auditada (organismo, plan, programa, proyecto, etc.).
    - Naturaleza de la entidad auditada.
    - Objetivos (generales o parciales, dependiendo de la extensión del trabajo).
    - Estilo de gestión, estrategia de actuación (acciones desarrolladas, metas fijadas, clientes atendidos, procedimientos y recursos empleados, bienes y servicios ofertados y beneficios proporcionados).
    - Estructura organizacional (líneas de subordinación y de asesoramiento y relación con las actividades desarrolladas).
    - Fuentes de financiamiento y principales ítems de costo y gasto (histórico de la ejecución presupuestaria).
    - Situación en el contexto de las prioridades gubernamentales.

    - Histórico (a partir de la fecha de creación, las denominaciones anteriores y mudanzas en su concepción lógica en relación con objetivos, público destinatario y formas de implementación).
    - Grupos de interés y características del ambiente externo e interno.
    - Naturaleza de la actuación de otros órganos o programas gubernamentales que actúan en la misma área (líneas de coordinación).
2. Funcionamiento del objeto auditado:
    - Procesos gerenciales.
    - Bases de datos existentes.
    - Ambiente de control; sistemas, mecanismos de control y prácticas, estructura de rendición de cuentas.
    - Restricciones enfrentadas (imposiciones legales y limitaciones impuestas por la concurrencia, por la tecnología, por la falta de recursos o por la necesidad de cooperar con otras entidades).

La planificación preliminar o análisis preliminar tiene como principal objetivo trazar un diagnóstico a partir de la interpretación de la información recolectada y de la identificación de los problemas relativos al desempeño del objeto de auditoría (TCU, 2010: 21).

Puede presentarse aquí un interrogante sobre el tratamiento de las cuestiones de auditoría. En este sentido la Contraloría General de la República plantea que es en la planificación preliminar en donde se presentan las áreas críticas o cuestiones de auditoría. Por otra parte, el Tribunal de Cuentas de la Unión plantea que la presentación de estas cuestiones se da en la planificación detallada.

Es postura de este libro que, si bien la planificación se separa en etapas (preliminar y detallada), en los hechos, es un proceso continuo. Así, puede salvarse esta disyuntiva, ya que la Contraloría General de la República habla de la formulación de las cuestiones de auditoría como último paso de la planificación preliminar. En tanto que el Tribunal de Cuentas de la Unión las presenta como primer paso de la planificación detallada. Es decir, cuando se conoce el objeto de auditoría (a partir de un relevamiento de información), pueden identificarse las áreas con mayor riesgo, esto es, las cuestiones de auditoría. Atento a lo antedicho, el lector podrá observar que en los dos manuales de referencia, no se evidencia una diferencia en la secuencia lógica de pasos a seguir en una planificación de auditoría; sí se encuentra una diferencia en la delimitación de las etapas de la planificación. Una vez más se ratifica la postura de este trabajo en donde se valoriza la secuencia y no la delimitación de las etapas. Lo que importa es que existe una instancia de relevamiento que permite conocer el objeto de auditoría (plan, programa, organismo, etc.) para luego identificar las áreas donde la auditoría debe hacer foco, basándose en su riesgo y probabilidad de ocurrencia, es decir, las "cuestiones de auditoría". Luego, la Contraloría General de la República expone sobre las áreas críticas (cuestiones de auditoría) lo siguiente:

> Área o asunto de potencial importancia para el logro de los objetivos de la entidad y la consecución de los resultados respectivos. Algunos elementos que inciden en la selección de las áreas críticas son: decisiones clave de la Administración de la entidad estudiada, problemas relacionados con el sistema de información para la toma de decisiones; despilfarro, ineficiencia, mala administración; y naturaleza, tamaño e impacto de las actividades (CGR, 2006: 21).

Teniendo en cuenta lo mencionado, la etapa de planificación de auditoría presenta un camino de descubrimiento de las áreas críticas o cuestiones de auditoría sobre las cuales se desarrollará la auditoría. En este devenir, se utilizan herramientas de diagnóstico que permiten identificar dichas cuestiones de auditoría y los riesgos presentes en la gestión del objeto auditado.

En palabras de la INTOSAI (ISSAI 3000, 2004, apéndice I: 98), las EFS emplean diversos métodos que colaboran en el proceso de planificación, por ejemplo:

- Análisis de riesgos
- Análisis FODA
- Análisis de problemas[43]

Estas herramientas sustentan, primero, un conocimiento general del organismo, plan o programa. Por otro lado ayudan a establecer criterios, descubrir áreas críticas o cuestiones de auditoría, y riesgos de auditoría.

Una vez recabada la información necesaria, es momento de plasmar todo lo estudiado en un documento que muestre el camino a seguir por el equipo de auditoría; este es el caso de la matriz de planeamiento. En palabras del TCU (2010: 26): "Una vez definidos el problema y las cuestiones de auditoría, el equipo deberá elaborar la matriz de planeamiento. Se trata de un cuadro con el resumen de las informaciones relevantes del planeamiento de una auditoría". Luego, el TCU sigue explayándose en sus consideraciones acerca de la matriz de planeamiento de la siguiente manera:

---

43 En el capítulo siguiente se desarrolla la matriz de marco lógico (MML), la cual se relaciona estrechamente con el llamado "árbol de problemas" o "árbol de causas y efectos".

> El propósito de la matriz de planeamiento es auxiliar la elaboración conceptual del trabajo y la orientación del equipo en la fase de ejecución. Es una herramienta de auditoría que torna el planeamiento más sistemático y dirigido, facilitando la comunicación de decisiones sobre metodología y auxiliando la conducción de los trabajos de campo (TCU, 2010: 26).

Esta matriz debe ser un instrumento flexible y dinámico, con posibilidad de ser modificado y actualizado por el equipo a medida que se avanza con las tareas. Por sus características esquemáticas y clara exposición de lo que se pretende realizar representa un instrumento central en la elaboración del proyecto de auditoría (TCU, 2010).

La matriz de planeamiento representa un elemento icónico en el trabajo de auditoría, porque es a partir de esta que se desarrollará el trabajo. Una planificación formulada deficientemente conducirá indefectiblemente a conclusiones erradas; por ello, la flexibilidad en la elaboración de esta matriz debe estar presente permanentemente junto con el avance de la investigación, atenta a ser modificada cuando el equipo de auditoría lo crea necesario.

Como se mencionara al principio de este capítulo, este libro no pretende ser un manual de auditoría de gestión o un manual de auditoría social para programas sociales universales, es por ello que no se presenta una secuencia de las etapas de la auditoría. Solo se exponen los rasgos salientes de la auditoría de gestión que, aplicados a las auditorías sociales de programas sociales universales, las diferencian de las demás auditorías de gestión (entendiendo a la auditoría social como un tipo de auditoría de gestión). Así, existe un convencimiento del autor de este libro de que las particularidades sustanciales, en cuanto a auditoría social de programas sociales universales, se encuentran en los elementos desarrollados precedentemente. En el capítulo siguiente se expondrán estos mismos tópicos aplicados a los programas de transferencias condicionadas, entendiendo estos como incluidos en programas sociales universales.

A modo de síntesis

En este capítulo se realizó un recorrido por los manuales de auditoría de gestión, entendiendo que este tipo de auditoría contiene a la auditoría social, que es el eje central de análisis de este libro. A partir de allí se identificó una forma de análisis del objeto de auditoría, el cual presenta el programa, plan, ente, etc., como un proceso productivo, tanto en su etapa de formulación como en su etapa de ejecución. En ese proceso, pueden analizarse relaciones de economía, eficiencia, eficacia y efectividad o impacto (tanto directo como indirecto). La medición de estas relaciones representa el objetivo central del trabajo de auditoría, ya que es tarea del auditor de gestión, y del auditor de auditoría social, concluir el trabajo de auditoría en términos de estas dimensiones del desempeño (economía, eficacia, eficiencia, efectividad o impacto) y contribuir así a la mejora en la gestión del plan, programa, proyecto, organismo, etc.

Para ello, los manuales de auditoría presentan una secuencia de planificación de qué se realizará y cómo se lo realizará. Así, se sigue una secuencia en donde el auditor se para desde un lugar específico para analizar el objeto de auditoría (plan, programa, organismo, etc.), y a partir de allí realiza un trabajo exploratorio con el fin de tener un conocimiento general del organismo, todo ello sustentado con herramientas de diagnóstico (análisis de riesgo, FODA, matriz de marco lógico). Es decir, a través de un enfoque (lugar desde donde observa el auditor), se realiza un estudio preliminar (conocimiento general del objeto de auditoría), para luego determinar las cuestiones de auditoría, las cuales son áreas sensibles, riesgosas, problemáticas que serán el centro de la auditoría. Para poder estudiar con detalle esas cuestiones, se identifica: información requerida, lugar donde se puede encontrar dicha información, tratamiento de esta y qué se va a poder concluir. Este planteo se realiza generalmente en un formato matricial conocido como matriz de planeamiento, la cual es una herramienta de suma utilidad para mostrar en forma esquemática qué es lo que se hará y cómo se realizará.

3

Auditoría social de programas sociales universales

En este capítulo se utiliza como sustento teórico el conjunto de conceptos y herramientas presentadas y desarrolladas en el capítulo precedente, como así también, ciertas lógicas aportadas en el primer capítulo. La razón de ello radica en la necesidad de atender al objetivo central de este libro, el de presentar lineamientos para la auditoría social de programas sociales universales. En este sentido, se entiende la auditoría social como un tipo de auditoría de gestión y los programas de transferencias condicionadas (PTC), como los formalizadores de las políticas universales. En lo que sigue, se presentan, desarrollan, explican, comentan y ejemplifican algunos lineamientos que resultan de valor para ser aplicados a las auditorías sociales de programas sociales universales.

Hacia una definición de auditoría social de programas sociales universales

Siguiendo la lógica expositiva del capítulo anterior, y sustentado en un conjunto de definiciones de la auditoría de gestión expuestas y comentadas precedentemente, se trata de presentar aquí una definición de auditoría social aplicada a programas sociales universales (entendida la auditoría social como un tipo de auditoría de gestión).

Teniendo en cuenta que la auditoría social de programas sociales universales incorpora el fundamento de la auditoría de gestión como base, se identifican para la construcción de esta definición, las características comunes presentes en las definiciones expuestas en el capítulo anterior, teniendo en cuenta qué es un programa social universal. De este modo, la auditoría social de programas sociales universales podría definirse como:

> El examen sistemático, profesional e independiente de evidencias, efectuado por un equipo multidisciplinario, con el fin de evaluar la economía, eficacia, eficiencia, efectividad o impacto (tanto directo o primario como indirecto o secundario) de la gestión de un plan, programa o ente, para coadyuvar a la mejora en la gestión de dichos programas.

Ahora bien, la definición expuesta precedentemente, a los fines del interés de este investigador, puede ser aplicada a programas sociales universales, en la forma de programas de transferencias condicionadas, sin perjuicio de serlo también a otro tipo de políticas. Es decir, ¿se puede aplicar la auditoría social a cualquier tipo de política? La respuesta es que sí. Sin embargo, el interés en esta ocasión es que sea aplicada a programas sociales universales, en la forma de programas de transferencias condicionadas.

En la definición arriba presentada, se ponen de relieve tres aspectos centrales:

1. examen sistemático, profesional e independiente de evidencias, efectuado por un equipo multidisciplinario;
2. evaluar la economía, eficacia, eficiencia, efectividad o impacto (tanto directo o primario como indirecto o secundario) de la gestión de un plan, programa o ente, y

3. coadyuvar a la mejora en la gestión de dichos programas.

Para el primer aspecto, se deja claro que la postura que adopta este libro es la de presentar la auditoría social como un trabajo realizado por profesionales, alejándose de las ideas intuitivas y coloquiales que relacionan a la auditoría social con un trabajo de control que realizan organizaciones sociales o ciudadanos individuales. En esta investigación se entiende el trabajo de control o fiscalización realizados por individuos particulares, ONG (organizaciones no gubernamentales), asociaciones civiles, etc., como "contraloría social".

En esta primera parte de la definición, se identifica el tipo de trabajo, el cual debe tener las características de ser sistemático, profesional e independiente. Además de ello, la auditoría social, entendida como un tipo de auditoría de gestión, tiene el mandato de medir el desempeño de objeto auditado, es decir, la economía, eficacia, eficiencia y la efectividad o impacto directo e indirecto. En este caso, el objeto puede ser muy complejo, dicha complejidad requiere de miradas de profesionales de diferentes disciplinas. La razón de ello radica en la necesidad de comprender cabalmente el funcionamiento del plan, programa, proyecto, ente, etc., para luego evaluar actividades o cuestiones riesgosas, es decir, cuestiones de auditoría. El estudio de estas cuestiones permite al quipo de auditoría concluir en términos de la economía, eficacia, eficiencia y efectividad o impacto, tanto directo (o primario) como indirecto (o secundario).

Cabe aclarar que un equipo que realice auditoría social de programas sociales universales debe contar con la participación de profesionales de las disciplinas sociales (sociólogos, psicólogos, economistas, etc.), de la salud (principalmente pediatras y nutricionistas) y expertos en estadística y econometría, dependiendo del caso, claro está.

Para el segundo aspecto, se identifican las dimensiones del desempeño, con una particularidad a resaltar, no solo se exponen las comúnmente llamadas tres "E", sino que además se incorpora al análisis la efectividad o impacto. Se presenta aquí la relevancia de analizar la economía, eficacia y eficiencia, además, la de cotejar el producto obtenido (vacunación de niños menores de cinco años, por ejemplo) con el resultado (mortalidad infantil reducida), en la medición de la efectividad o impacto directo (primario). Por otra parte, se hace presente la dimensión del impacto indirecto o secundario, en la medición de cuánto contribuye, el programa auditado, a un objetivo superior. Ejemplo de la efectividad o impacto directo puede ser: "se redujo en XX% la mortalidad infantil a partir del programa de vacunación". Siguiendo con el ejemplo, la medición de impacto indirecto puede presentarse en el "aumento de la nómina escolar para nivel inicial", medido como efecto indirecto del programa de vacunación. Comienza a vislumbrarse la importancia de la auditoría social sobre estos programas, ya que se evalúan no solo los efectos inmediatos, sino también los de más largo alcance. Se incorporan en el análisis variables observables, por un lado, pero además se reconoce la existencia de variables no observables. Esto es, variables del entorno que pueden interactuar con la propia intervención del programa.

Debe resaltarse que la realización de una auditoría social aplicada a programas sociales representa mayor riqueza analítica en programas universales que en programas focalizados. La concepción misma de la lógica de formulación de estas últimas está atada a ideas de eficiencia en el marco de restricciones presupuestarias (Poet, 2006) y, por tanto, conduce las auditorías sobre este tipo de programas a un enfoque que privilegia los "efectos" inmediatos o directos (resultados, para INTOSAI), es decir, conociendo las consecuencias directas (primarias, de corto plazo) sobre el problema que les dio origen (mide el efecto sobre el grupo para el cual fue diseñada la política).

Es aquí donde aparece la diferencia entre realizar una auditoría social a un programa social universal y a otro focalizado. Es decir, no solo se piensa y evalúa el "efecto" primario (nutrición, vacunación, escolarización, etc.), sino cómo la intervención de ese programa cambia la realidad en el mediano y largo plazo. Así, podría identificarse que, por acción del programa, los altos logros educativos (en menores de 18 años), pueden relacionarse con una alta tasa de graduados universitarios cinco o diez años después.

El tercer aspecto de la definición representa un valor trascendente, ya que toda acción que lleve a mejorar el programa que se está desempeñando realiza un aporte a la gobernabilidad. Al parecer, la figura de la auditoría externa es comúnmente rechazada por el gestor de la política que se está implementando. Basado en la práctica misma de la auditoría, se puede imaginar que esas situaciones pueden darse por la imagen mítica que tiene el auditor externo ante el gestor y que, en muchos casos, el auditor se encarga de ratificar con actitudes frías y distantes. Luego, es lógico pensar que si de un lado de la relación se presenta una actitud, tal vez, lejana, la otra parte seguirá esa línea de acción. Lo anterior recae directamente sobre el trabajo de la auditoría y, más precisamente, sobre las recomendaciones. De este modo, es dable pensar que el gestor relativice las recomendaciones presentadas por el equipo de auditoría y, muchas veces, las desestime a no ser que sean de acatamiento obligatorio. Por supuesto que esto último depende de las potestades que tengan las EFS para actuar sobre los organismos gestores de los programas auditados.

No obstante lo antedicho, debe resaltarse la importancia de los aportes que puedan realizar las auditorías de gestión. Esta idea se torna aun más sensible cuando se habla de auditoría social de programas sociales en general, y universales en particular, ya que se está atendiendo a las necesidades de la gente. Lo anterior no implica que, por ejemplo, la pavimentación de un camino de tierra sea menos importante para la gente que un programa social universal, pero las recomendaciones que pueden realizarse en el primer caso pueden referirse a costos, calidad o durabilidad de la obra; por el contrario, las recomendaciones sobre un programa social afectan directamente las necesidades más básicas de la gente. Es decir, ante un programa alimentario que no cumple con sus metas (metas físicas, en términos presupuestarios) puede recomendarse el cambio de sistema o circuito de entrega de alimentos, si es que se detectan falencias allí; y ello tiene una ponderación mayor a las recomendaciones de costos, calidad o durabilidad de la pavimentación de un camino. Cuando se habla de necesidades básicas de la gente, entre estas se encuentran la alimentación y nutrición, la educación, la prevención y atención de la salud, etc.

Dimensiones del desempeño en los programas sociales universales

Puede afirmarse que, atento a la evidencia presente en la bibliografía relevada, la auditoría de gestión no puede cuestionar la política implementada. Sí puede, dependiendo de las limitaciones de las EFS, opinar sobre si el programa implementado fue eficiente, eficaz, económico y efectivo (cuál fue el impacto directo o indirecto). Las dimensiones del desempeño identificadas en el capítulo anterior funcionan de marco para abordar dichas dimensiones abocadas a la auditoría de programas sociales universales. Es posible realizar una comparación sobre la implementación de similares programas en el país o en otros países del mundo. Es decir, para un programa de transferencias monetarias condicionadas (PTC) pueden compararse experiencias de programas similares impulsados en toda Latinoamérica. En ese caso, puede opinarse sobre la efectividad o impacto directo e indirecto obtenidos en uno y otro caso. También pueden realizarse comparaciones de series, en donde se coteja un momento de tiempo con la situación base o "línea de base"[44] del programa.

El posicionamiento del equipo de auditoría es externo, es decir, no se opina sobre una instancia particular del ciclo de vida del proyecto sino sobre su desempeño en el logro de sus objetivos o propósito, y sobre su finalidad. En ese sentido se puede evaluar la efectividad o impacto directo (la relación producto-resultado) y el impacto indirecto (los efectos a mediano y largo plazo).

Cuando se trata de programas de transferencias condicionadas (PTC), como concreción práctica de una política universal, el grado de la condicionalidad determina la eficacia de las prestaciones. Si se establecen condicionalidades fuertes, es probable que estas no puedan ser cumplidas y, por lo tanto, no se cumpla el propósito planificado. Es decir, en términos del proceso productivo que establece Rubione (2012), puede resultar una subejecución de las metas físicas planificadas, y que las familias

---

44 Las características de la "línea de base" se verán en profundidad en el quinto lineamiento.

más vulnerables no puedan cumplir con las condicionalidades (De Brauw y Hoddinott, 2008, citado en Cecchini, Madariaga, 2011).[45]

Según se entiende en este trabajo, la mayor riqueza analítica se encuentra en la aplicación de auditorías sociales a programas de transferencias condicionadas. Principalmente en la dimensión de efectividad o impacto directo e indirecto. Como propone Bastagli (2008, citado en Cecchini y Madariaga, 2011: 93), "quizás el hallazgo más importante de las evaluaciones de impacto es que el efecto de las condicionalidades depende, en gran medida, de cómo están diseñadas y cómo se implementan".

Enfoques

Las auditorías sociales de programas sociales universales (programas de transferencias condicionadas, según el tratamiento de este trabajo) cuentan con un enfoque de análisis interrelacionado, el enfoque de efectos (asimilable a resultado, para INTOSAI) y el de causas (problemas, para INTOSAI). En ese sentido es central lograr una caracterización lo más acabada posible del programa y su entorno. Esto es el gran trabajo que tiene por delante el equipo de auditoría en la etapa de planificación.

Bajo esta óptica, el equipo de auditoría debe formularse una batería de cuestionamientos que lo llevarán a analizar el desempeño de los programas sociales universales, sin dejar de lado antecedentes tales como estudios previos.

45 Naciones Unidas (2009, citado en Cecchini, Madariaga, 2011) ha advertido que el establecimiento de estrictas condicionalidades puede generar una distinción poco afortunada entre "pobres merecedores y no merecedores de asistencia", lo que colisiona con la idea de equidad y de universalidad de los derechos, y "violaría derechos humanos básicos en relación con el aseguramiento de un nivel mínimo de vida".

Por ejemplo, si bien los programas de transferencias condicionadas no buscan atacar la pobreza extrema sino las condicionalidades de estos programas, es relevante para el auditor tener un conocimiento de los índices de pobreza. Lo anterior puede encontrarse en estudios especializados que no solo planteen índices macroeconómicos, sino también sectoriales, regionales y municipales. Esto toma mayor relevancia cuando los programas tienen una lógica de gestión de descentralización operativa. Tal es el ejemplo del Programa Jefes y Jefas de Hogar Desocupados que fuera formulado con una lógica de centralización normativa y descentralización operativa (Poet, 2006).

Debe tenerse en cuenta la amplitud del análisis posible de una auditoría social de programas sociales universales, en donde el trabajo de exploración es continuo y va conduciendo al equipo de auditoría a conocer la temática de lo que se está tratando, identificar áreas riesgosas o cuestiones de auditoría (a través de herramientas de diagnóstico tales como matriz FODA, análisis de riesgo y análisis de problemas) e identificar hallazgos y presentar observaciones, conclusiones y recomendaciones.

1. El equipo de auditoría debe utilizar en la auditoría de programas sociales universales, como abordaje analítico, una interrelación de los enfoques de "causas" y "efectos".

La posibilidad de que un equipo de auditoría realice una auditoría social con enfoque de causas (orientado a problemas, según INTOSAI) depende de las aspiraciones de la EFS y del marco normativo que las contenga. Este enfoque puede ser complementario del enfoque de efectos (asimilable a resultados, según INTOSAI).

Siguiendo las Normas Internacionales de las Entidades Fiscalizadoras Superiores (ISSAI), se entiende que

> [...] los dos enfoques metodológicos también pueden considerarse como enlazados entre sí, como si se tratase de diferentes pasos de una fiscalización. Aunque, por naturaleza, el enfoque orientado a problemas [causas, para este trabajo] es más amplio y más profundo en su ambición analítica, el enfoque orientado a resultados [asimilable a efectos en este trabajo], en su forma avanzada, también puede dar pie a análisis elaborados (ISSAI 3000, 2004: 29).

Para el enfoque de causas, la idea es que para evaluar una política es necesario conocer dos cosas, el problema y las causas del problema. Más exactamente, conocer el problema requiere conocer la causa del problema. Conocer las causas del problema tiene un valor en sí mismo dentro de la auditoría social. El proceso de conocer las causas, y la posibilidad de estructurar un árbol de problemas, importa a los fines de la contribución a objetivos superiores. Ello puede ser interrelacionado con el enfoque de efectos, es decir, conocer el impacto directo o primario de la implementación de una política social (enfoque de resultados, para INTOSAI). Recuérdese que en este libro se utiliza la denominación de "efectos" para tener la libertad de incorporar en esa idea al impacto indirecto o secundario de la implementación de una política social. De este modo, también resulta relevante conocer los impactos indirectos o secundarios emanados de dicha política.

El planteo central de este lineamiento es conocer con profundidad la política implementada, a partir de un posicionamiento particular o enfoque. Es decir, conocer las causas del problema que pretende resolver y sus efectos directos e indirectos o primarios y secundarios. Al tratarse de una política social universal, es razonable entender que un equipo de auditoría pretenda realizar un estudio profundo de la política, para poder efectuar observaciones y recomendaciones que aporten al mejor desempeño del plan, programa, etc. Si bien este libro toma un planteo de INTOSAI adaptado a las necesidades de este escrito, lo relevante de ello es que la medición del desempeño, principalmente el impacto directo, y aun más el impacto indirecto, debe desarrollarse en un ámbito de profundo conocimiento del objeto de auditoría. El equipo de auditoría debe conocer el plan, programa, etc., pero además debe conocer lo que ese programa genera a los beneficiarios de ese plan, programa, etc. (impacto directo o primario), y a la sociedad en su conjunto (impacto indirecto o secundario).

Un programa focalizado (que solo evalúa el impacto directo de la política)[46] podría plantear que, si hay desnutrición, se debe atacar esto; y medir la efectividad o impacto directo está en la observancia de la disminución de ese fenómeno. Sin embargo, un enfoque orientado a causas (problemas, para INTOSAI) busca las causas de la desnutrición, que pueden encontrarse en la poca información de las madres sobre alimentación y nutrición, inexistencia o escasez de centros de salud donde se puedan realizar controles, falta de médicos (neonatólogos, pediatras, generalistas y clínicos) o especialistas (tales como nutricionistas infantiles), falta de medicación (vitaminas, antidiarreicos, etc.) en centros asistenciales, etc., o una combinación de todos o parte de ellos.

Verá el lector que el planteo de uno y otro es totalmente diferente. En el primero, se ataca la desnutrición misma. En el segundo, sin perjuicio de que se lance un programa nutricional, se tiene claro que las causas son otras. Si bien hay que actuar para solucionar la coyuntura, esto no resuelve el problema, que es la falta o escasez de infraestructura de la salud (material y/o humana), por ejemplo.

---

46 Enfoque de los "efectos" directos asimilables al enfoque de los resultados planteados por INTOSAI.

Por otra parte, la interrelación de enfoques se vincula con el análisis endógeno y exógeno del programa. Se recordará que en el capítulo anterior, se planteó la idea de programa como proceso productivo. En este marco, se entiende lo endógeno como el análisis de las dimensiones del desempeño hacia el interior del proceso productivo (economía, eficacia, eficiencia y efectividad o impacto directo). Por el contrario, el análisis exógeno relaciona el programa con su entorno. Esto es, se analiza el impacto indirecto o la contribución al logro de objetivos superiores.

Para poder explicar, es necesario identificar la disponibilidad de datos.[47] Siguiendo a Baker (2000), es necesario considerar ciertas particularidades en los datos disponibles para la evaluación[48] de impacto. Estos "puntos clave" para identificar la disponibilidad de datos se refieren a todo el proceso de evaluación de impacto, desde el conocimiento previo hasta la evaluación en sí misma.[49] En esta instancia se expondrán solo los "puntos clave" que se refieren al conocimiento previo, ya que los demás pertenecen a otras etapas de la planificación. Luego, pueden presentarse dichas consideraciones formuladas por Baker, de la siguiente forma (Baker, 2000: 21):

---

47 Téngase en cuenta que los programas de transferencias condicionadas utilizan métodos de focalización indirectos, por tanto, la cantidad y diversidad de información necesaria que le dan el marco a la auditoría no es despreciable a la hora de realizar la auditoría social.

48 Baker (2000) desarrolla consideraciones sobre evaluación de programas referidos a la pobreza, en el marco de quienes están encargados de formularlos y gestionarlos. Sin embargo, estas consideraciones son pertinentes para ser tenidas en cuenta en una instancia de auditoría social de programas sociales universales.

49 Debe tenerse presente que estos "puntos clave" forman parte de la "línea de base" del programa. El recopilar buena información, y saber usarla, representa gran parte del éxito del programa.

- Conocer bien el programa. Es arriesgado iniciar una evaluación sin conocer bastante sobre los detalles administrativos e institucionales del programa; esta información en general proviene de la administración del programa.
- Recopilar información sobre los "hechos estilizados" (hechos simplificados, relevantes) pertinentes al entorno. Los hechos pertinentes podrían incluir el mapa de pobreza, la forma en que funciona el mercado laboral, las principales divisiones étnicas y otros programas públicos pertinentes.

Criterios

Los criterios deben ser patrones de referencia contra los cuales se compara la gestión de los programas sociales universales. Así, pueden tomarse los datos y estudios que formaron parte de la "línea de base" de la formulación del programa, es decir, ese estatus inicial desde donde se parte, para realizar el cotejo. Otro ejemplo puede ser la comparación tanto física como presupuestaria de lo planeado en relación con lo ejecutado. Es decir, en un programa de entrega de computadoras portátiles a estudiantes secundarios, puede comprobarse si las metas físicas del programa han sido alcanzadas o no.

Los criterios podrían formar parte de una validación interna, pero también se los puede definirse para efectuar validaciones externas. Ejemplo de ello puede ser tomar el Índice de Desarrollo Humano (IDH) desarrollado por el Programa de Naciones Unidas para el Desarrollo (PNUD), o alguno de sus componentes, para verificar la esperanza de vida de los habitantes de una región, y que esto sirva como dato para una posterior relación con los beneficiarios de un programa social que ataque la salud materno-infantil.

En todos los casos, los criterios deben ser claros y sostenidos en el tiempo por el equipo de auditoría, tanto para mantener una unidad de criterio hacia el interior del equipo, como para presentarse con demandas o planteos claros ante los auditados.

Planificación

Las auditorías de programas sociales se enfocan en las consecuencias de la implementación de estos sobre el sector de la sociedad para el que fueron diseñados (en una primera instancia) y sobre el conjunto de la sociedad (en una instancia secundaria).

Esto es, el foco del análisis se centra en los efectos hacia el grupo que atiende (provisión de bienes y servicios hacia beneficiarios), como también en los impactos a mediano y largo plazo (impactos secundarios o indirectos) que generan estas políticas tras su implementación. Es decir, hacia grupos identificados (en primera instancia), y hacia demás sectores de la sociedad, en forma indirecta en el largo plazo.

El posicionamiento de una auditoría social de programas sociales universales posee un camino de estudio de la situación, enfocado no solo a rendir cuentas a la sociedad sino a informar sobre la población que es beneficiaria de dicha política y sus efectos hacia el resto de la sociedad (impactos directos o primarios e indirectos o secundarios). Es decir, si hay problemas con pago a proveedores o alguna cuenta bancaria relacionada con el programa no está declarada, entre otras cosas, eso no es de mayor interés para este tipo de análisis.

Entendiendo a qué apunta la auditoría social, la realización de esta se lleva a cabo utilizando procedimientos no estandarizados. Lejos de una auditoría financiera, comprendiendo la flexibilidad de las auditorías sociales (al igual que una auditoría de gestión, la cual la contiene), y con el enfoque que se le da a este tipo de auditorías, los procedimientos se basan en medir el desempeño del programa en términos de economía, eficacia, eficiencia, efectividad o impacto (directo e indirecto). Esto se logra a través de la utilización de indicadores macroeconómicos y sectoriales (según sea el caso) que le hacen de marco al estudio particular del programa y, además, la construcción de indicadores que el equipo de auditoría crea conveniente. La relevancia no se encuentra en el procedimiento de construcción, sino en la apreciación o parecer del auditor para buscar y encontrar información oportuna, pertinente, íntegra y confiable, para luego poder desarrollar la metodología de construcción de indicadores.

2. En la etapa de planificación debe realizarse un conocimiento previo tanto del organismo ejecutor de la política social como del programa en sí. De este modo, debe ser posible estructurar, tanto al programa como al organismo, como procesos productivos.

Como se viera en la sección de consideraciones generales acerca de la auditoría de gestión, y siguiendo la idea de que la auditoría social es un tipo de auditoría de gestión, la planificación de una auditoría incorpora no solo el desarrollo del conocimiento del organismo ejecutor y del programa a auditar, sino también las cuestiones de auditoría, criterios y técnicas de diagnóstico.

La planificación de una auditoría social de programas sociales universales cuenta con enfoques, criterios y cuestiones de auditoría donde el auditor debe hacer foco. Todo ello es el resultado de un conocimiento previo del organismo ejecutor de la política y del programa propiamente dicho. Si no se conoce de lo que se investigará, mal se puede establecer un camino de acción para auditarlo. El trabajo consta de un reconocimiento previo, que se nutre de experiencias del equipo de auditoría, trabajos de investigación académicos de instituciones reconocidas[50] y relevamientos en el propio organismo ejecutor.[51]

En el caso de realizar una auditoría social al Programa Jefes y Jefas de Hogar Desocupados (PJJHD),[52] debe realizarse un relevamiento previo, describiendo las características del programa, para luego identificar puntos de interés o cuestiones de auditoría. Para la evaluación y seguimiento de este programa, el Ministerio de Economía firmó un convenio de asistencia técnica con el Centro de Estudios Políticos Estratégicos Americanos (CEPEA). Por tanto, esta es una fuente válida para nutrirse de la realidad del programa. Así, el CEPEA expone que el plan

---

50 Ejemplo de ello pueden ser: Organización de las Naciones Unidas (ONU), Banco Interamericano de Desarrollo (BID), Organización Latinoamericana y del Caribe de Entidades Fiscalizadoras Superiores (OLACEFS), Comisión Económica para América Latina y el Caribe (CEPAL), Centro de Estudios Distributivos, Laborales y Sociales (CEDLAS), Centro de Implementación de Políticas Públicas para la Equidad y el Crecimiento (CIPPEC), entre otros.

51 Como ejemplos se pueden citar: Ministerio de Desarrollo Social (Argentina), Secretaría de Desarrollo Social (México), Ministerio de Desarrollo e Inclusión Social (Perú), Ministério do Desenvolvimiento Social e Combate á Fome (Brasil), etc.

52 El PJJHD, Programa de Transferencias Condicionadas, incluyó acciones de empleo. Unificó programas de empleo de emergencia en el contexto de la crisis económica política y social que azotó al país a fines de 2001. Se desarrolló en la Argentina durante los años 2002 y 2005.

> [...] brinda asistencia económica a los jefes y jefas de hogar, con hijos de hasta 18 años o discapacitados de cualquier edad, y a los hogares donde la jefa de hogar o la cónyuge, concubina o cohabitante del jefe de hogar se encuentren en estado de gravidez. Todos ellos deben estar desocupados y tener residencia en forma permanente en el país.
>
> Este Programa busca asegurar la incorporación de los beneficiarios a la educación formal, su participación en cursos de capacitación que favorezcan la reinserción laboral futura y su incorporación en proyectos productivos o en servicios comunitarios de impacto en materia ocupacional. Asimismo, el Programa pretende asegurar la concurrencia escolar de los hijos y el control de la salud de los mismos (CEPEA, 2002a: 7).

Siguiendo con el ejemplo, este programa contó con la participación del Ministerio de Desarrollo Social y el Ministerio de Trabajo de la Nación, con una lógica de centralización normativa y descentralización operativa (Poet, 2006). Por tal motivo, es importante identificar la participación que tiene cada ministerio en el programa, como así también, la que tienen los actores locales (municipios y provincias).

Para poder saber hacia dónde se debe ir, se deben identificar un punto de partida y una situación actual. Todos estos elementos, sumados a los que se exponen arriba, conforman el trabajo de planificación de una auditoría.

Claro está que toda mirada crítica de una situación, tal es el caso de una auditoría, debe identificar el lugar en donde se para el analista para describir y analizar la situación, y las cuestiones (de auditoría) o puntos de interés a analizar. El lugar en donde se para el analista se identifica como enfoque, y las cuestiones o puntos de interés se relacionan con las "cuestiones de auditoría" (TCU, 2010). Luego pueden identificarse características particulares en los enfoques de las auditorías sociales aplicados a programas sociales universales, criterios y cuestiones de auditoría, en atención a la materialidad y significatividad de los elementos involucrados en la temática tratada.

Las técnicas comúnmente utilizadas para evaluar la materialidad y significatividad de las cuestiones de auditoría son el análisis de riesgo y la matriz FODA[53] (TCU, 2003). Sin embargo, cabe hacer la aclaración de que la Contraloría General de la República de Chile (OLACEFS, 2012) indica que una herramienta a utilizar es la del Modelo de Madurez; este indica en qué instancia de evolución se encuentra el programa y si los hallazgos en cuanto a las dimensiones del desempeño ameritan observaciones y recomendaciones.

Es opinión de quien escribe que, si bien debe realizarse una investigación exhaustiva del programa universal, y esto incluye considerar el ciclo de vida del proyecto o programa, la función de una auditoría de gestión es realizar un estudio externo, que concluya en término de las dimensiones del desempeño que correspondan en cuanto al mandato institucional. Esto indica que el programa está en ejecución y prestando los bienes y/o servicios que son su objetivo. Por tanto, si bien debe tenerse en cuenta la madurez del proyecto, no se cree necesario aplicar un modelo de madurez para determinar taxativamente una instancia de evolución o madurez del programa.

Análisis FODA (fortalezas, oportunidades, debilidades y amenazas): como se mencionara más arriba, es de vital importancia para la realización de la auditoría contar con un diagnóstico situacional que describa el programa y su entorno. ¿Por qué se insiste con esta situación? Por supuesto, la razón de ello siempre tiene la misma génesis, la

---

53 Fortalezas, oportunidades, debilidades y amenazas. Matriz dos por dos que expone las características del ambiente externo e interno en el ámbito del diagnóstico institucional.

auditoría social aplicada a programas sociales universales. Lo que motiva este libro lleva a la necesidad de desarrollar una investigación analítica. Para ponerlo en términos sencillos y llanos, el programa no está solo en el mundo. Esto que parece una obviedad, y puede aplicarse a cualquier programa, toma una relevancia particular en programas sociales universales, ya que se hace foco en los efectos (impactos) de este programa hacia toda la sociedad.[54]

El diagnóstico situacional puede realizarse a través de diferentes metodologías. Una de las herramientas más utilizadas es la matriz FODA (TCU, 2003: 8). Esta herramienta permite realizar un diagnóstico institucional, listando las principales debilidades, oportunidades, fortalezas y amenazas de un programa. Esto contribuye con la identificación de las cuestiones de auditoría.

En la realización de un diagnóstico de un programa social universal, es posible encontrar alguna de estas debilidades, oportunidades, fortalezas y amenazas. Así, podría identificarse como debilidad un sistema de empadronamiento de beneficiarios obsoleto que impacte en la eficaz prestación de bienes y servicios a proveer por el programa. Esto es de vital importancia, ya que el volumen de beneficiarios que se manejan en este tipo de programas es sumamente grande. La identificación de esta situación como debilidad podría motivar una auditoría de sistemas, siendo un objeto en sí mismo una situación que es dato para las auditorías sociales.

Otra de las debilidades puede consistir en contar con información insuficiente para medir la gestión del programa y sus impactos en la gestión pública, hecho que también puede derivar en una auditoría de sistemas.

---

54 Se entiende que los programas universales tienen mayor trascendencia en las sociedades que intervienen, pudiendo plantear, en el mejor de los casos, transformaciones sociales (cultura, educación, salud, etc.).

Un ejemplo de fortaleza radica en el establecimiento de un sistema eficiente en la distribución de bienes y servicios provistos por el programa. Tal es el caso de la bancarización de las prestaciones dinerarias en los programas de transferencias dinerarias condicionadas. Los programas desarrollados en América Latina (Programa Jefes y Jefas de Hogar Desocupados, la Asignación Universal por Hijo, el Programa de Desarrollo Humano Oportunidades, etc.) utilizan agentes financieros como intermediarios. En ese caso, la buena gestión de estos representa una fortaleza.

En la identificación de oportunidades, puede surgir la observancia de nuevas directrices de Naciones Unidas referidas a pronunciarse en apoyo a una profundización de programas sociales universales, avocándose, por ejemplo, a recomendar líneas de trabajo específicas para lograr el Objetivo de Desarrollo del Milenio N° 1 (OMD N°1) sobre la erradicación de la pobreza extrema, instando a mayor participación y cooperación de los países de mayores ingresos per cápita hacia los países de menores ingresos per cápita. Por otra parte, pueden identificarse como oportunidades del programa social universal, una clara decisión política de llevar adelante el programa, hecho que impacta en la sustentabilidad de este a través del tiempo. Ello permite medir los impactos directos, es decir, cómo se cumple con la condicionalidad, pero aun más importante, posibilita la medición del impacto indirecto hacia la sociedad.[55]

Como ejemplo de amenazas que pueden ser identificadas en el diagnóstico institucional del programa social universal, se presenta la formación de estructuras de corrupción externas al diseño del programa que actúan sobre los beneficiarios aprovechándose de ellos. Tal es el

55 Puede citarse el excelente trabajo que realiza el Consejo Nacional de Evaluación de la Política Social (CONEVAL) en la evaluación de impactos de los programas sociales en México.

caso de punteros políticos que se abusan del desconocimiento o ignorancia de los beneficiarios en relación con los circuitos y formas de pago de las prestaciones dinerarias (de ser esta la prestación que determina como producto el programa). Suponiendo que la prestación se realiza a través de medios electrónicos, es decir, cajeros automáticos, dichos punteros pueden retenerle la tarjeta de cobro, cobrar por los beneficiarios y quedarse con una parte o el total de esa prestación.

Otra amenaza posible puede centrarse en una población objetivo dinámica y cambiante; esto requiere de un sistema de padrones y registros a la altura de las circunstancias para que no se generen reclamos ni conflictos en la prestación de bienes y servicios. En el caso de tener descentralizada territorialmente la prestación de bienes y servicios del programa, procesos de migraciones internas y cambios demográficos impactan sobre esta prestación. El PJJHD se instrumentó con descentralización operativa, en cuanto a la ejecución, a través de la participación de todas las provincias, municipios y Ciudad Autónoma de Buenos Aires. "Así, el Programa se planificó con un criterio de centralización normativa y descentralización tanto en la ejecución como en el control" (Poet, 2006: 44).

Análisis de riesgo: una vez realizado el análisis FODA, es posible extraer de este las debilidades (internas) y amenazas (externas) (TCU, 2003) para realizar un análisis de riesgo en donde se van a identificar y jerarquizar las cuestiones de auditoría en relación con su impacto y probabilidad de ocurrencia.

Las auditorías sociales aplicadas a programas sociales universales pueden utilizar esta herramienta para direccionar la auditoría hacia áreas sensibles (cuestiones de auditoría). Una forma habitual de presentar este análisis es con una matriz de doble entrada, que identifica probabilidad de ocurrencia del suceso y el impacto, es decir, su materialidad y significatividad. Para el caso de programas sociales universales, puede esperarse que la significatividad juegue un papel central en el impacto, es decir, la gravedad del daño de materializarse el riesgo. Lo anterior radica en las características propias de los programas sociales y, principalmente, los desarrollados con la lógica universalista. En este sentido, pueden identificarse elementos propios de la significatividad en el ámbito de los programas sociales. Tal es el caso de la relevancia del cumplimiento de metas y objetivos. Aquí es central el cumplimiento de la provisión o prestación de bienes y servicios que una gran parte de la sociedad espera. Es decir, el riesgo está principalmente en la significatividad de la materialización del riesgo.

En este tipo de programas, si se le dice a un individuo que es beneficiario y que debe cobrar una prestación dineraria o recibir alimentos, es central que eso pase. Un individuo al que se le promete algo y no se le cumple no tiene mayor materialidad, pero sí es significativo en relación con lo que la sociedad espera de la intervención del Estado.

Otro elemento de riesgo es el interés político y/o para la opinión pública, y/o para los medios. Teniendo en cuenta la corriente que se desarrolla fuertemente en estas latitudes (ejemplo de ello son la cantidad y diversidad de programas que están en ejecución en la región), atinente a la lógica universalista, el interés político parece interactuar fuertemente con la opinión pública; en ese caso el perfil de los gobiernos latinoamericanos muestra una postura de estar muy atento a los reclamos de la gente. La demanda social, y principalmente la organizada, genera un gran efecto en la opinión pública y los medios, y ello construye agenda política. Que se den de baja beneficiarios en la nómina de un programa social por error en la confección de padrones o reempadronamiento puede no tener materialidad relevante (puede no implicar gran modificación en el presupuesto), pero sí puede llamar la atención de la opinión pública o del periodismo. Por otro lado, la estructuración de un beneficio de protección social (subsidio, pensión no contributiva) a soldados excombatientes, si bien puede no suponer una materialidad importante, sí implica una significatividad atendida por la opinión pública.

Matriz de marco lógico: la matriz de marco lógico (MML) es "una herramienta para facilitar el proceso de conceptualización, diseño, ejecución y evaluación de proyectos" (Ortegón, Pacheco y Prieto, 2005: 13). Ofrece una forma clara y estructurada de presentar un programa. No solo es una herramienta útil para los gestores de la política, sino, que también lo es para los auditores.

Esta herramienta permite evaluar la consistencia de la política, es decir, si los recursos involucrados y las acciones llevadas adelante son consistentes con los objetivos planteados. Puede complementarse, además, con las otras herramientas anteriormente expuestas. Uno de los hilos conductores que se pueden resaltar es la identificación de "debilidades" en la matriz FODA, que podrá ser tomada por la matriz de riesgo, como tal, en cuanto a su impacto y probabilidad de ocurrencia, y luego por la MML como condicionante de su proceso de validación. En el uso de esta matriz, se utilizan supuestos que son condición necesaria y suficiente para poder lograr cada etapa de la matriz, entendiéndola en una lógica vertical, es decir, cada validación de supuestos permite acceder a una etapa siguiente en el proceso productivo. Estos supuestos representan un riesgo con una probabilidad de ocurrencia razonable. Ejemplo de esto puede ser, en un programa de transferencia condicionada, la identificación de falta de controles sobre la documentación a presentar referente a la asistencia a clases de los hijos de los beneficiarios o beneficiarias. Lo anterior, identificado en la matriz FODA, se toma en la matriz de riesgo por su alta significatividad. Pero, además, es una condición necesaria para que se puedan realizar las transferencias dinerarias. Esto significa que si no se verifica la asistencia a clases, no puede cumplirse con el objetivo del programa, el cual es atender a las condicionalidades (salud, educación, capacitación laboral, etc.). Otro ejemplo, en la misma línea, es la falta de control de asistencia de alumnos secundarios de escuelas públicas, en el marco de un programa de entrega de computadoras portátiles a alumnos y maestros de estos establecimientos. Esto, además de ser una debilidad de la gestión del programa, identificada en la matriz FODA, es un riesgo inherente a la actividad y desarrollo del programa, con alta significatividad. ¿Qué pasaría si ya se ha entregado la computadora al alumno y este deja de concurrir a clases? Esto impediría el cumplimiento del propósito del programa, el cual es establecer nuevas formas de educación y aprendizaje; sumado a no contribuir al logro de la finalidad de colaborar y aportar a la inclusión socio-cultural de los alumnos de escuelas públicas. El TCU observa en una de sus auditorías sobre el programa Bolsa Familia que es central que la gestión realice controles sobre el cumplimiento de las condicionalidades; dicho cumplimiento opera sobre la eficacia de la gestión del programa y colabora a evitar fraudes y actos de corrupción (TCU, 2005).

Indicadores en la MML: cada componente de la matriz (fin, propósito, componentes y actividades) puede verse como parte de un proceso productivo, para el cual se le relaciona una dimensión del desempeño. Es decir, para cada uno de estos elementos de la MML, se pueden identificar indicadores que atiendan a cada una de las dimensiones del desempeño expuestas en el capítulo anterior.

En palabras de Baker (2000):

> Al planificar la evaluación, se deben establecer los principales indicadores de resultados y efectos, en lo posible como parte de un enfoque de marco lógico. Con esto se garantiza que aun cuando no se capten inicialmente los efectos finales, se podrán evaluar los resultados del programa. Además, el evaluador debe pensar en medir la entrega de la intervención y tener en cuenta los factores exógenos que puedan tener algún efecto en el resultado de interés (p. 28).

Aquí Baker (2000) plantea la importancia de establecer indicadores de efectividad o impacto directo o indirecto.

Es igualmente importante identificar el tipo y la disponibilidad de información con la que se cuenta (Baker, 2000) para validar las actividades, los componentes, el propósito y el fin del programa. Los cuales se exponen como un "resumen narrativo" pero que atienden a preguntas tales como: ¿a qué objetivo estratégico contribuye el programa? ¿Qué se espera lograr con el programa? ¿Qué bienes o servicios se requiere producir? ¿Cómo se producirán los componentes? (Ortegón, 2005).

En esta idea de explicar más que describir, a partir de las herramientas de diagnóstico, el equipo auditor debe identificar las condiciones generales en cuanto a lo político, económico y social para luego relacionarlas con la actividad del organismo y del programa (todo ello puede ser plasmado en una matriz FODA). Siguiendo con el ejemplo del PJJHD, deben poder identificarse antecedentes económico-sociales de la Argentina que enmarcan el desarrollo del programa. Ello puede encontrarse en diferentes informes sobre el tema, remarcando que

> [...] la devaluación provocó un incremento de la canasta básica de alimentos de una familia tipo de un 34% entre mayo de 2002 y diciembre de 2001, los salarios nominales al no incrementarse llevaron a una caída significativa del salario real con el inevitable empobrecimiento de amplias capas de la población (Modolo, 2004: 2).

Por otra parte, también se puede encontrar que, bajo esta situación,

> se profundizó también la inequidad en la distribución de los ingresos: entre 1995 y el 2002 se agudizó 20,4 veces como promedio nacional el 20% de la población con mayores ingresos y el 20% de menores ingresos (Modolo, 2004: 2).

Este es el marco desde donde el auditor se apoya para establecer una caracterización tanto del entorno como de las entidades intervinientes, y plantear cuestiones de auditoría. Debe tenerse en cuenta, además, que si las condiciones de consenso internacional se encaminan a un tipo de política social de carácter universal (Poet, 2012), es dable que el establecimiento de un programa con estas características cuente con apoyo de las fuerzas políticas del país o región donde se establece o desarrolla esa política (puede ser parte de las oportunidades en la matriz FODA); ello también debe incorporarse en la construcción del marco de análisis de la auditoría social.

La construcción del marco del que se habla se refiere a la idea de explicar más que describir, sustentándose en un planteo de estructura cognitiva lógica (Badra, 2007); el conocimiento del todo (organismo y programa) debe realizarse de lo general a lo particular (CGR, Perú, 2008) y desde lo conocido a lo desconocido.

La experiencia de los auditores en la auditoría de este tipo de programas, o en el conocimiento del órgano ejecutor, o en el conocimiento de los sistemas de registro físicos y/o financieros que se utilizan en la administración,[56] representa piezas de un rompecabezas que se arma poco a poco, con apoyo en las herramientas antes desarrolladas. También es importante el conocimiento del marco regulatorio de la Administración Pública en general para luego analizar la consistencia de la normativa específica de ese programa.

Como se mencionara anteriormente, el conocimiento del organismo ejecutor es central como medio para analizar su desempeño, y cómo puede afectar al programa. Ejemplo de ello puede ser una desordenada administración del organismo, que no solo afecta el desempeño de este, sino también el del programa que ejecuta. Aquí debe hacerse una aclaración: todo lo que representa la administración financiera de un organismo no tiene relevancia en sí mismo, atento al tipo de auditoría que se realiza (sí lo es para las auditorías financieras). Como se mencionara precedentemente, esta información funciona como medio para explicar las posibles deficiencias que tenga el programa en ciertos aspectos.

En referencia a la segunda parte del enunciado del lineamiento expuesto, al programa social universal se lo debe mirar como un proceso productivo. La organización de este en un sistema de secuencias lógicas ayuda a establecer un orden en la recopilación y sistematización de la información. Permite, además, establecer relaciones entre los estadios, para luego abordar esas relaciones en términos de las dimensiones del desempeño. Todo esto permite avanzar en la claridad de qué se está haciendo y cómo se está haciendo. Ayuda a unificar criterios y a clarificar

---

56 Para el caso de la República Argentina, la Ley de Administración Financiera (Ley Nº 24.156) lleva a la utilización de sistemas integrados hacia toda la administración pública. El conocimiento de este sistema desde un organismo permite al auditor poder manejarlo desde cualquier otro.

el rumbo de la auditoría en lo referente al trabajo de los auditores del equipo y, además, permite establecer una relación de mayor claridad con el auditado, en cuanto a los requerimientos de información y criterios de auditoría a emplear para realizar el trabajo. Si hay claridad de conceptos, estos se pueden transmitir en la misma forma. Lo antedicho es relevante particularmente en los programas sociales universales, ya que deben presentarse en forma clara y esquemática no solo las relaciones de desempeño hacia el interior del programa (como se vio en el capítulo anterior), sino que, además, debe ser posible analizar la dimensión del impacto indirecto en la contribución a un objetivo superior. Siguiendo con el ejemplo del PJJHD, si bien el propósito de este programa eran las transferencias dinerarias sujetas a condicionalidades, su finalidad era contribuir al mejoramiento de una situación de "deterioro paulatino y permanente de los indicadores sociales: desempleo, precariedad laboral, caída notable de los ingresos de los asalariados" (Modolo, 2004: 1).

Adicionalmente a lo antedicho, es importante ver al organismo como un proceso productivo, pero además, también es de interés analizar el accionar del organismo como un flujo continuo de actividades que representan un proceso. Del porqué de la importancia de esta idea, y del sentido de analizar acciones encadenadas, es que ambos procesos productivos deben ser analizados, no solo hacia el interior de estos, sino también en sus interacciones. Esto propicia un estudio más acabado de la temática a tratar, permite lograr un conocimiento de las causas de los problemas y concluir en términos del desempeño con una mirada más integral de la situación.

En el ejemplo del PJJHD, intervienen dos ministerios (Desarrollo Social y Trabajo), y ejecutores locales (provincias y municipios). Es necesario describir y caracterizar la incumbencia que tiene cada uno de estos agentes sobre el programa y la relación que se establece entre estos diferentes niveles de Estado, con el objetivo de tener un conocimiento de la integralidad de lo que se auditará, para sustentar, de esta manera, una buena planificación.

3. El equipo de auditoría debe realizar una revisión documental, analítica y técnica de los sistemas de información con los que se construye la "línea de base" (SIEMPRO, 1999).

Todo programa social se diseña y ejecuta con procesos de evaluación desde la propia gestión. En general se utiliza un sistema de indicadores para medir el desempeño y modificar los sesgos y desvíos. Dicha matriz puede presentarse compleja y con una gran cantidad de indicadores. En general se establece una "línea de base" que representa un estatus desde el cual se parte, para luego comparar la evolución del programa con este piso inicial.

Para programas focalizados, las "líneas de base" se construyen con indicadores generados a partir de variables observables. Es decir, supóngase que se identifica un problema pasible de intervención del Estado, por ejemplo, "alto número de población pobre, con alta desocupación en la región XX". A partir de ese problema, se deben diseñar tantos indicadores como se crea necesario para caracterizar dicho problema social. Así, se pueden construir indicadores simples, tales como: número de personas desocupadas, número de personas con necesidades básicas insatisfechas desempleadas, etc. Por otro lado, pueden construirse indicadores complejos, tales como: número de personas con necesidades básicas insatisfechas desocupadas en relación con total de desocupados, entre otros.

Se podrá observar que, en los programas focalizados, la "línea de base" se construye con la formulación de indicadores que caracterizan el problema propiamente dicho; es decir, la capacidad explicativa que se pretende termina en el proceso productivo en sí mismo.

En el ámbito de los programas sociales universales, la "línea de base" es más abarcativa. En estos programas no solo se toma en cuenta lo endógeno, sino lo exógeno. Es decir, la "línea de base" debe funcionar como frontera de contención para evaluar no solo los impactos directos del programa, sino los impactos indirectos.

La "línea de base" de un programa social universal muestra un nutrido conjunto de indicadores que permitan observar no solo la realidad a intervenir, sino que además permitan caracterizar una realidad compleja que contiene al problema identificado. Es esta realidad la que se aborda con el enfoque de causas (orientado a problemas según INTOSAI), en esta idea de explicar más que describir.

Una matriz de indicadores que pueden ser tenidos en cuenta son: nivel de consumo, indigencia, pobreza, indicadores epidemiológicos y nutricionales, tasas de deserción escolar, repitencia, matriculación escolar, esperanza de vida al nacer, discapacidad, IDH, indicadores de oferta y demanda laboral, nivel educativo, indicadores demográficos, etc.

En lo referente a la evaluación de gestión, puede ocurrir que se defina una nómina muy amplia y diversa de indicadores, pero que en cada momento de la evaluación de la propia gestión solo se utilicen algunos de estos tantos, lo cual sesga el análisis. Lo anterior generalmente se realiza para sobreestimar la *performance* del programa. Esto debe ser advertido y observado por el equipo de auditoría.

Por otro lado, tanto la Secretaría de Desarrollo Social (SEDESOL) como el Consejo Nacional de Evaluación de la Política Social (CONEVAL) de México hacen evaluaciones de impacto directo e indirecto; en esta última presentan relaciones de los efectos inmediatos (impacto directo o primario) de la intervención del programa con diversos indicadores sociales, laborales y económicos, con el propósito de identificar los aportes que realiza el programa a objetivos superiores (desarrollo de capacidades, equidad y derechos).

Es importante identificar la realización de comparaciones con una "línea de base" nutrida, por parte del gestor, con el objetivo de controlar que se identifiquen de forma clara y transparente, los impactos directos e indirectos hacia la sociedad.

4. El equipo de auditoría debe realizar un seguimiento estricto sobre el cumplimiento de las pautas establecidas para el diseño del instrumento estadístico a utilizar en la identificación de la población objetivo, como así también, la periodicidad de la recolección de información.

Resulta de importancia que en la identificación de la población objetivo se utilicen medios de determinación acordes con los consensos internacionales sobre la materia. Así, una de las experiencias más exitosas de América Latina, como lo es el Programa de Desarrollo Humano Oportunidades (PDHO) de México, realiza, para la identificación de los potenciales beneficiarios, una selección territorial o geográfica que identifica zonas vulnerables por acceso a servicios de salud y educación, marginalidad y tamaño de la ciudad (SEDESOL, 2006). Luego, realiza la selección de las familias a partir de una encuesta con indicadores multivariados. Esto es lo que se conoce como comprobación indirecta (Cecchini y Madariaga,

2011). Ejemplo de estos indicadores es el Índice de Desarrollo Humano (IDH), que contempla esperanza de vida, educación e ingresos.[57]

También pueden utilizarse para la selección de beneficiarios métodos de comprobación directa, como una encuesta de ingresos familiares informada en las fichas de ingreso por las propias familias. El problema de este método de comprobación, según lo entienden Cecchini y Madariaga (2011), radica en que puede incentivar el clientelismo y hace foco en la coyuntura y no en lo estructural. Algunos programas incorporan una última etapa de selección comunitaria, bajo el supuesto de que los agentes locales cuentan con más información respecto de las necesidades y carencias de los hogares de una comunidad; este también es el caso del PDHO.

Por otro lado es práctica de los principales programas sociales universales desarrollados en la región atender a la oferta, es decir, se atiende a las condiciones o características económicas, sociales, de infraestructura y demográficas de la comunidad que pudieran afectar los resultados de los indicadores de interés. Por tal motivo es importante que se desarrollen encuestas y entrevistas a las autoridades, líderes o funcionarios públicos. El objetivo central es elaborar cuestionarios que permitan obtener información sobre la infraestructura local, la disponibilidad de servicios, las principales actividades económicas, etc. Así, la Secretaría de Desarrollo Social de México (SEDESOL,

---

57 Recuérdese que este índice nace como respuesta a la crítica por utilizar el PBI per cápita como medio de medir el bienestar de los pueblos. El Programa de Naciones Unidas para el Desarrollo (PNUD) formula este índice en el marco de las concepciones cada vez más instaladas sobre desarrollo. A su vez este guarismo es referente ante el desarrollo de políticas sociales universales en el marco de los Objetivos de Desarrollo del Milenio (OMD).

2006), en el documento de trabajo que expone la metodología de la identificación de potenciales beneficiarios, expresa:

> Parte del interés del Programa, además de evaluar el impacto de oportunidades en indicadores de demanda de los servicios educativos como: asistencia escolar, tasas de abandono, reprobación, reinserción escolar, etcétera, fue evaluar las condiciones prevalecientes de oferta educativa en los niveles básico y medio superior en México (p. 16).

Si bien siempre se piensa a los programas sociales universales como estimuladores de la demanda, también debe pensarse en la capacidad de absorber esa demanda, atento a la gran cantidad de beneficiarios a los que se pretende alcanzar.[58] Por tal motivo, también debe pensarse en la oferta.

Para el caso del PDHO, las instituciones estatales son las encargadas de fortalecer la infraestructura disponible en cada región (Levy y Rodríguez, 2005, citado en Cecchini y Madariaga, 2011). En el caso de Brasil, como modo de transferencia directa a la oferta, el gobierno federal ofrece subsidios a los municipios, para poder solventar los mayores costos administrativos motivados por la implementación del Bolsa Familia (Mesquita, 2009, citado en Cecchini y Madariaga, 2011).

Las transferencias más comunes a la oferta coinciden con los objetivos de desarrollo de capacidades, equidad y derechos de los programas; estos son ampliar los servicios de educación y salud. El foco en estos casos debe

---

58 En el año 2012, según información de la Comisión Económica para América Latina y el Caribe (CEPAL), el programa Asignación Universal por Hijo (AUH) tuvo una cobertura efectiva de 3.540.717 personas; el programa Bolsa Familia tuvo una cobertura efectiva de 56.458.390 personas, y el Programa de Desarrollo Humano Oportunidades (PDHO) tuvo una cobertura efectiva de 31.200.000 personas, por citar ejemplos.

realizarse sobre la adecuación de los servicios sociales a las exigencias de los programas universales en términos de contraprestaciones. Esto es, si una condición del programa es cumplir con el calendario vacunatorio, se debe asegurar la existencia de centros de salud, efectores, centros de vacunación, etc., que puedan atender la demanda generada por la condición del programa social universal.

Por otra parte, no solo es importante el desarrollo de una metodología que se acompase con el concierto latinoamericano, sino que la recolección de datos se realice con una periodicidad que permita mantener actualizada la base de datos y proveer a los gestores de información oportuna para la toma de decisiones. En argentina se utiliza la Encuesta Permanente de Hogares como medio de seguimiento de indicadores económico-sociales, cuya periodicidad es semestral. Esta puede ser una herramienta incorporada en la evaluación de indicadores multivariados. Para el caso de México, la Encuesta de Características Socioeconómicas de los Hogares (ENCASEH) es el principal instrumento de recolección de información del PDHO que sirve para la identificación de familias beneficiarias.

5. El equipo de auditoría debe revisar la metodología empleada por el gestor para la realización de la evaluación de impacto, verificando que se utilicen métodos de selección idóneos y que sean consistentes con el propósito del programa.

Siendo que los programas de transferencias condicionadas (entendidos en este trabajo como los formalizadores de políticas sociales universales) buscan como finalidad potenciar las capacidades de los hogares que viven en condiciones de pobreza para que puedan alcanzar una mejor calidad de vida por sus propios medios, esfuerzo e iniciativa, las evaluaciones de impacto buscan identificar los efectos de la intervención del programa.

En los programas de transferencias condicionadas, resulta de importancia realizar estudios de impacto, porque estos se relacionan con los efectos indirectos (o secundarios), además de los directos (o primarios) de los programas hacia la sociedad. Ahora bien, la generalidad de los programas de transferencias condicionadas en la región utiliza métodos de focalización indirectos (véase el Anexo), como pueden ser el Índice de Desarrollo Humano, indicadores de pobreza, etc.

La forma de identificar a la población objetivo condiciona también la forma de evaluar, si la condición se ha modificado a partir de la implementación del programa. Por tanto, la forma de evaluar, controlar o auditar se relacionará fuertemente con estudios de impacto.

Según Cecchini y Madariaga (2011):

> Las evaluaciones de impacto tienen la finalidad de detectar la necesidad de realizar cambios y mejoras a los [programas de transferencias condicionadas] PTC y proveer información objetiva y transparente a los ciudadanos, lo que puede asegurar la continuidad de programas exitosos pese a las transiciones políticas. Gracias a las evaluaciones de impacto, los funcionarios de los programas pueden conocer los efectos previstos de los PTC (así como los imprevistos) e informarse sobre las fallas en la ejecución que obstaculizan el logro de los objetivos propuestos (p. 117).

De igual manera, cuando se estudia la dimensión del impacto en auditoría se trata de arribar a una caracterización de una situación que permita determinar el impacto (directo e indirecto) de la política implementada, es decir, identificar cómo y en qué medida se ha transformado la vida de la gente beneficiaria del programa, como así también, la sociedad toda. Es decir, cómo ha mejorado el nivel de consumo, el índice de indigencia y pobreza, indicadores epidemiológicos, tasas de escolarización por niveles, repitencia, matriculación, deserción, discapacidad, etc.

Los modelos más utilizados para identificar impactos son los modeles experimentales y cuasi experimentales (Baker, 2000). Esta afirmación, a entender de quien escribe, es absolutamente contraria a los principios sobre los cuales se fundamenta la construcción de políticas universales, como los programas de transferencias condicionadas. Es decir, esto es contrario a la formulación de una política basada en la equidad y los derechos universales, con la finalidad de construir y desarrollar capacidades físicas, intelectuales, culturales y emocionales. No obstante, si se piensa a los grupos de comparación como potenciales beneficiarios que, en una etapa siguiente, se incorporarán al programa, se aproximan estas herramientas estadísticas a la posición esgrimida por este trabajo. Sin perjuicio de lo antedicho, siguiendo a Judy Baker (2000):

> La evidencia de las evaluaciones de "práctica óptima" revisadas [...] pone de relieve que las metodologías elegidas para la evaluación del impacto no son mutuamente excluyentes. Desde luego, en las evaluaciones más robustas con frecuencia se combinan métodos para asegurar su solidez y prever las contingencias en su implementación. Desde una perspectiva metodológica, una combinación muy recomendada es unir un enfoque "con y sin" con un enfoque "antes y después" que use datos básicos y de seguimiento (Subbarao y otros, 1999). Contar con datos básicos permitirá que los evaluadores verifiquen la integridad de los grupos de tratamiento y de comparación, evalúen la focalización y preparen una evaluación sólida de los efectos (p. 14).

Evaluar con el enfoque "con y sin" requiere de un grupo de control con iguales o similares características, pudiendo utilizar el método de aleatorización (iguales características) o pareamiento (igualación de variables observables), es decir, diseños experimentales o cuasi experimentales, para poder realizar comparaciones directas, atendiendo al principio de intercambiabilidad (SEDESOL, 2005).

Evaluar con el enfoque "antes y después" requiere tomar un punto de partida inicial o "línea de base" y realizar mediciones de las variables observables con cierta periodicidad, definida previamente en la formulación del programa. Para el caso de PDHO, en su propuesta metodológica rural (SEDESOL, 2006), se propone obtener estimadores de doble diferencia, "que permiten controlar por las diferencias basales en el indicador de interés, comunes en ambos grupos de comparación, y aislar el efecto neto del programa de otros factores cambiantes en el tiempo que pudieran afectar dicho indicador".

El enfoque de "antes y después" puede resultar de mucha utilidad, en la medida que no solo se intente conocer el efecto directo o impacto directo (o primario) emanado de la intervención del programa. Además pueden relacionarse variables que tengan que ver con la sociedad en su conjunto y que registren cambios en el mediano y largo plazo. En este sentido se encuentra la razón del porqué la "línea de base" tan amplia, y es que esta muestra no solo la situación del grupo de interés, sino además cómo se encuentra la sociedad. Así, la "línea de base" puede construirse con indicadores tales como nivel de consumo, indigencia, pobreza, indicadores epidemiológicos y nutricionales, tasas de deserción escolar, repitencia, matriculación escolar, esperanza de vida al nacer, discapacidad, IDH, indicadores de oferta y demanda laboral, nivel educativo, indicadores demográficos, etc. Ello es independiente del propósito del programa, ya que con indicadores generales, se busca conocer los efectos indirectos, es decir, los impactos indirectos o secundarios, en un enfoque de "antes y después".

6. El equipo de auditoría debe incorporar al estudio de auditoría las acciones realizadas por la gente en cuanto a control ciudadano.

Según Cecchini y Madariaga (2011):

> El control que los ciudadanos pueden ejercer va desde la expresión de sus inquietudes y demandas con respecto a la implementación de los programas, hasta la incidencia en cuestiones de diseño, evaluación o vigilancia de su gestión. Desde un enfoque de derechos, la participación se vuelve uno de los principios básicos y exigibles para la ciudadanía, y su consideración debe preverse y promoverse en los programas que se diseñen desde esta óptica (p. 167).

En programas sociales formulados en los últimos diez años, se observa una creciente participación del control social, desarrollado desde la propia gestión. Tal es el caso del control de gestión realizado por organizaciones no gubernamentales (ONG),[59] o el estímulo a la participación de los propios beneficiarios a través del control de los coordinadores del programa.[60] De parte de las contralorías o auditorías de la región, también se han implementado acciones tendientes a incorporar la participación ciudada-

---

59 Ejemplo de ello puede ser el control en la ejecución presupuestaria que realizara el Centro de Estudios Políticos Estratégicos Americanos (CEPEA) al programa Jefes y Jefas de Hogar Desocupados bajo un convenio con el Ministerio de Economía y Producción, "Evaluación de la calidad y la eficiencia del gasto en la ejecución presupuestaria", 2002 y 2003.

60 Ejemplo de ello puede ser el manual *Aprendamos juntas a vivir mejor* en su parte de contraloría social, del Programa de Desarrollo Humano Oportunidades de México.

na en el control o rendición de cuentas.[61] Este hecho es de sustantiva importancia en el camino hacia una mejora en la prestación de bienes y servicios por parte del Estado a la comunidad. Teniendo presente la incorporación de instancias de rendición de cuentas y participación ciudadana, es posible distinguir entre mecanismos de incidencia indirectos (por medio de sistemas de quejas y denuncias) y directos (a través de la participación de los usuarios en comisiones, comités u órganos colegiados), pudiendo ser estas instancias de naturaleza colectiva o individual, de escala local o nacional, y presentándose de modo consultivo o vinculante (participación activa en la gestión)[62] (Cecchini y Madariaga, 2011).

No obstante lo antedicho, no es acción de los auditores, en las auditorías sociales, realizar dicho control, por la génesis misma de la concepción de control. Es decir, el equipo de auditoría debe planificar la auditoría tomando en cuenta la incorporación de algún mecanismo que contenga las acciones de fiscalización y control de la comunidad (denuncias de beneficiarios, informes de estudios del programa realizados por ONG, etc.); sin embargo, no es tarea de este equipo realizar ese tipo de control, sí de tenerlo en cuenta como prueba de auditoría para formular sus hallazgos y posteriores observaciones y recomendaciones, si fuese necesario.

Es importante tener claro que la contraloría social es de suma importancia como elemento de control, ya que lo realiza de abajo hacia arriba, pero además debe

---

61 Se hace esta distinción ya que las ISSAI plantean cierta diferencia entre la mera rendición de cuentas, presente principalmente en las auditorías financieras, y el control para generar aportes para la mejora de la implementación de las políticas públicas.

62 Ejemplos de mecanismos indirectos de denuncias se presentan en el Sistema de Atención Ciudadana (SAC) del Programa de Desarrollo Humano Oportunidades (México).

considerarse que no es tarea del equipo de auditoría llevarla a cabo, sino atender a ella tomándola como una evidencia con una ponderación particular que debe tener una presencia fuerte en el informe. Esto quiere decir que la opinión de la gente es sumamente válida a la hora de concluir un trabajo de auditoría, y todavía más relevante cuando se trata de la auditoría social aplicada a programas sociales universales. La razón de ello se encuentra en el planteo que realizan Andrenacci y Repetto (2006a: 87) sobre la necesidad de concebir un nuevo concepto de ciudadanía, en el marco del universalismo.

7. Los auditores deben utilizar formatos estructurados para identificar y caracterizar cuestiones de auditoría, caminos a seguir y criterios tomados por el auditor.

La actividad más relevante, en la etapa de planificación, consiste en identificar "cuestiones de auditoría", ya que estas conducen al equipo de auditoría a fiscalizar lo más sensible y conflictivo del objeto de auditoría. A partir de allí, puede estructurarse, apoyado en un formato matricial, el conjunto de información relativa a estas "cuestiones de auditoría". Es decir, pueden estructurarse formatos matriciales que permitan ver en forma sintética el trabajo que se pretende realizar, las áreas que se van a estudiar, la información que se va a analizar y los ratios o indicadores que se utilizarán para verificar y validar el trabajo de la gestión del programa social.

En la planificación o programa de trabajo detallado, se encuentran el o los objetivos de la auditoría, las cuestiones de auditoría y fundamentos de la elección del auditor, el alcance de la auditoría, los criterios empleados por el equipo de auditores y los procedimientos a utilizar para llevar adelante el trabajo de auditoría.

Matriz de planeamiento: una de las herramientas que permite planificar en forma estructurada y sistematizada el trabajo de auditoría es la matriz de planeamiento. Se trata de un cuadro con el resumen de las informaciones relevantes del planeamiento de una auditoría, auxilia la elaboración conceptual del trabajo y la orientación del equipo en la fase de ejecución; además se presenta como un instrumento flexible que puede ser actualizado o modificado por el equipo de auditoría en el avance del trabajo de los auditores (TCU, 2010).

Como se mencionara en el capítulo anterior, la matriz es un instrumento central en la elaboración de la auditoría, en tanto que ordena el trabajo a desarrollar; no es una metodología en sí misma, sino que representa la última instancia de la planificación y prepara al equipo de auditoría para ejecutar el trabajo de auditoría. Es por ello que, luego de hacer uso de las herramientas de diagnóstico referenciadas precedentemente, se está en condiciones de construir una matriz de planeamiento, a partir de identificar las cuestiones de auditoría sobre las cuales se centrará la fiscalización. Dependiendo de los lineamientos normativos de cada EFS, los elementos podrán tener nombres distintos, pero la lógica de lo que se pretende exponer es la misma para cualquier auditoría de este tipo.

De este modo, la información que debe contener es la identificación de cuestiones de auditoría. En esta exposición clara, resumida y sistemática de los temas a tratar por la auditoría, también se debe incluir la información con la que se cuenta para investigar, analizar o auditar el tema, y las formas de validación que el auditor crea convenientes.

Es recomendable además que el equipo de auditores utilice un formato estructurado (por ejemplo, una matriz) con el fin de relacionar las cuestiones de auditoría con indicadores que les servirán para medir el desempeño del programa. Esto es solo una sugerencia que aporta a la claridad expositiva en el trabajo del equipo. Debe recordarse que el trabajo de una auditoría social, tal como se presentara al inicio de este capítulo, debe ser realizado por un equipo de profesionales interdisciplinario (profesionales de diferentes disciplinas formados con diferentes estructuras de pensamiento). En ese sentido, la claridad en la exposición de la información ayuda a ordenar el trabajo y mejorar la comunicación hacia el interior del equipo de auditoría.

En la matriz de planeamiento se presentan estas cuestiones de auditoría, con una exposición sintética de la información requerida, las fuentes de donde se extraerá dicha información, las técnicas o métodos empleados para realizar la auditoría social de programas sociales universales así como la estrategia y abordaje de dicha información, las limitaciones que versan sobre la información a analizar además de lo que va a permitir decir el análisis de esta información.

Como ejemplo, puede identificarse un programa de Desarrollo del Deporte de Alto Rendimiento, ejecutado por la Secretaría de Deportes de la Nación, cuyo objetivo es el desarrollo del alto rendimiento. Se realiza sobre este una auditoría de gestión,[63] con el objetivo de "evaluar en términos de eficiencia, eficacia y economía, el cumplimiento de los objetivos del programa".

Aquí vale realizar algunas aclaraciones. El programa elegido en el ejemplo se audita con un enfoque de efectos (directos), asimilable a resultados según INTOSAI,[64] y no

63 Se habla de auditoría de gestión y no de auditoría social ya que a este programa se lo audita con un enfoque de efectos (directos), asimilable a enfoque de resultados para INTOSAI. El elemento diferenciador de la auditoría social es conocer los impactos indirectos de la intervención del programa hacia la sociedad.

64 Cabe aclarar que se puede realizar una auditoría social a este programa, pero ello carece de sentido si se busca medir la cantidad de medallas.

con una interrelación de este con el enfoque de causas (problemas, según INTOSAI), como sí se audita un programa social universal (aplicando auditoría social, por supuesto). Es decir, se parte desde un lugar completamente diferente, un enfoque diferente.

Por otra parte, las cuestiones de auditoría que se identifican en este programa pueden ser: planificación, gestión física y presupuestaria, servicios y/o beneficios brindados a los deportistas, y el desarrollo del deporte federado y de alto rendimiento, entre otras cuestiones. Esta última cuestión resulta paradigmática para marcar la diferencia con un programa social universal. El deporte federado y de alto rendimiento es focalizado, y su evaluación remite a resultados concretos, tales como cantidad de medallas en un juego panamericano u olímpico.

Programas sociales universales referidos al deporte pueden ser: Juegos Nacionales Evita, Nuestro Club y Argentina, Nuestra Cancha. Para el primero, su propósito es "fomentar la integración, la formación y participación deportiva con igualdad de oportunidades". Además, su finalidad es "propiciar el acceso a la actividad física y la recreación como aspectos fundamentales para el desarrollo de niños, jóvenes y adultos de todo el país" (Ministerio de Desarrollo Social de la Nación, 2013).

Como este programa ofrece a los participantes diferentes herramientas de formación, tales como: talleres de música, teatro, danza, literatura y fotografía, una cuestión de auditoría característica de los programas sociales universales puede ser "contribución a los Objetivos de Desarrollo del Milenio", en donde se puede medir la contribución al desarrollo de capacidad, equidad y derechos de estas actividades. Es decir, se identifican otras cuestiones de auditoría además de las que atienden al impacto directo del programa (enfoque de efectos -directos-, asimilable a enfoque de resultados para INTOSAI).[65]

Debe tenerse en cuenta que, para conformar la estrategia de trabajo, se emplean técnicas de análisis de datos. Siguiendo al TCU (2010: 55):

> [...] entre los métodos más empleados en la auditoría de rendimiento [gestión, para este trabajo] están la investigación documental, estudio de caso e investigación (*survey*). La investigación experimental, cuasi experimental y no experimental, utilizadas en evaluación de programas, también hacen parte de las opciones de estrategia metodológica.

Las últimas opciones son posibles de ser barajadas en tanto se cuente con recursos necesarios para destinarlos a tamaño trabajo. En este sentido, se entiende que aquí se requiere de gran cantidad de recursos, pero además se encuentran más relacionados con la evaluación dentro de la propia gestión; sí desde auditoría externa se requiere verificar estos procedimientos.

A modo de ejemplo, se presenta una matriz de planeamiento de un programa social de transferencias condicionadas que presta transferencias monetarias, bienes y servicios.

65 Recuérdese que aquí la postura es una interrelación de enfoques.

Tabla 1
Matriz de planeamiento para la auditoría de un programa de transferencias condicionadas

Cuestión de auditoría	Información requerida	Fuentes de información	Estrategia metodológica	Método de recolección de datos	Métodos de análisis de datos	Limitaciones	Qué va a permitir decir el análisis
Presupuesto	Ley de Presupuesto y norma que establece los créditos presupuestarios desagregados. Programación de la ejecución presupuestaria. Ejecución presupuestaria de gastos y recursos asignada al programa	Ley de Presupuesto. Decisión administrativa o norma similar. Información obtenida del Sistema de Administración Financiera. Informes de la oficina responsable de la administración financiera del programa	Análisis documental: contrastación de la información suministrada por el responsable de la administración financiera del programa, la norma que lo rige (Ley de Presupuesto, decisión administrativa, etc.), y las salidas del sistema de administración financiera	Uso de datos existentes	Análisis de contenido, triangulación	Calidad de la información	Obtener información escrita para soportar el análisis realizado
Transferencias monetarias	Nómina de bancos actuantes como agentes financieros. Nómina de cuentas bancarias asignadas a beneficiarios. Nómina de beneficiarios dispuestos al pago. Liquidación de beneficios realizada por el órgano gestor. Liquidación de beneficios realizada por la entidad bancaria	Bancos actuantes como agentes financieros. Órgano gestor del programa. Sector encargado de la gestión de las cuentas bancarias, p. ej. Dirección de Cuentas Bancarias del Ministerio de Economía	Análisis documental	Uso de información existente	Estadística descriptiva, análisis de contenido, triangulación	Calidad y existencia de información sistematizada. Posibilidad de interactuar con el agente financiero	Pertinencia y transparencia del sistema de prestaciones dinerarias

Cuestión de auditoría	Información requerida	Fuentes de información	Estrategia metodológica	Método de recolección de datos	Métodos de análisis de datos	Limitaciones	Qué va a permitir decir el análisis
Criterios de focalización	Metodología utilizada en los programas más relevantes de la región. Metodología de focalización utilizada. Informe de las entidades intervinientes en la focalización. Bases de datos utilizadas para la selección de beneficiarios. Encuesta realizada a autoridades comunitarias y zonales para la selección de beneficiarios. Fichas completadas por los aspirantes	CEPAL, Sedesol, etc. Órgano encargado del estudio estadístico. Órganos gestores a nivel local. Actores con representatividad social	Análisis documental, estudio de caso. Muestreo estadístico. Investigación	Uso de datos existente, entrevista	Estadística descriptiva, análisis de contenido, triangulación, análisis cualitativo	Calidad, disponibilidad y existencia de información sistematizada	Si la metodología empleada cumple con la lógica de formulación del programa
Transferencias monetarias	Nómina de bancos actuantes como agentes financieros. Nómina de cuentas bancarias asignadas a beneficiarios. Nómina de beneficiarios dispuestos al pago. Liquidación de beneficios realizada por el órgano gestor. Liquidación de beneficios realizada por la entidad bancaria	Bancos actuantes como agentes financieros. Órgano gestor del programa. Sector encargado de la gestión de las cuentas bancarias, p. ej. Dirección de Cuentas Bancarias del Ministerio de Economía	Análisis documental	Uso de información existente	Estadística descriptiva, análisis de contenido, triangulación	Calidad y existencia de información sistematizada. Posibilidad de interactuar con el agente financiero	Pertinencia y transparencia del sistema de prestaciones dinerarias

Cuestión de auditoría	Información requerida	Fuentes de información	Estrategia metodológica	Método de reco-lección de datos	Métodos de análisis de datos	Limitaciones	Qué va a permitir decir el análisis
Prestación de bienes y servicios	Normativa respaldatoria sobre las metas físicas fijadas por el programa. Programación trimestral sobre metas físicas. Ejecución trimestral de metas físicas. Informe de desvíos producidos en la prestación de bienes y servicios. Documentación respaldatoria sobre la ejecución de metas	Ley de presupuesto. Decisión administrativa o norma similar. Información obtenida del Sistema de Administración Financiera. Informes de la oficina responsable de la gestión de metas físicas del programa	Análisis documental, estudio de caso, observación	Escrita, uso de información existente. Observación directa, análisis cualitativo	Estadística descriptiva, análisis de contenido, triangulación	Falta de recursos asignados a la auditoría para realizar la observación directa. Calidad y existencia de la información	La prestación efectiva de los bienes y servicios contemplados en el programa
	Bienes y servicios efectivamente entregados y prestados por el programa						
Condicionalidades	Tipo de condicionalidad. Nómina de las condiciones. Documentación respaldatoria de la condicionalidad acreditada por el beneficiario. Informes de las entidades emisoras de certificaciones de condicionalidades	Órgano gestor del programa. Escuelas públicas (como actores intervinientes en la condicionalidad). Efectores de salud (como actores intervinientes en la condicionalidad)	Análisis documental, estudio de caso. Muestreo estadístico. Investigación	Entrevistas, uso de información existente	Estadística descriptiva, análisis de contenido, triangulación	Calidad y existencia de la información	Del cumplimiento de las condicionalidades

Cuestión de auditoría	Información requerida	Fuentes de información	Estrategia metodológica	Método de recolección de datos	Métodos de análisis de datos	Limitaciones	Qué va a permitir decir el análisis
Evaluación ciudadana	Informes preliminares y finales de evaluación ciudadana sobre la ejecución del programa. Registro de denuncias. Informes realizados por ONG	Órgano gestor de la política social, encuestas y registros sobre evaluación ciudadana/social. Informes de ONG que trabajan sobre la temática	Análisis documental. Muestreo estadístico. Investigación	Uso de información existente	Análisis de contenidos. Análisis cualitativo	Calidad y existencia de la información	Evidenciar la percepción que tienen los ciudadanos de la ejecución del programa
Contribuciones a los Objetivos del Milenio	Desarrollo de capacidades humanas. Consumo, trabajo	CEPAL. Sistema de cuentas Nacionales. Encuestas sobre oferta y demanda laboral	Correlacionar las variables observables del programa con las del IDH. Consumo, actividad económica	Documental, uso de información existente	Análisis gráfico y de contenidos	Calidad, disponibilidad y existencia de la información	Concluir sobre el impacto de la intervención del Estado con la política social

A modo de síntesis

En estas páginas se han volcado un conjunto de ideas conducentes a prestar apoyo a quienes deben realizar auditorías sociales a programas sociales universales. La pregunta que se presenta es si, luego de tan extenso desarrollo, es válido tomarse el tiempo para escribir sobre este tema, diferenciándolo de otro tipo de auditoría. Es decir, qué tienen estas que no tienen otras.

La característica más saliente de este tipo de auditorías, es decir, las auditorías sociales, se encuentra en la dimensión del desempeño que privilegian, esto es, la dimensión de la efectividad o impacto. Particularmente, se pone en valor la posibilidad de conocer los efectos secundarios de la intervención, es decir, los impactos indirectos o secundarios.

Los programas universales, entendidos en este trabajo como programas de transferencias condicionadas, se relacionan con la necesidad de ser establecidos y sostenidos intertemporalmente. Ello radica en la propia concepción de la política social. Para saber si la intervención del Estado tuvo efectos secundarios y cuáles fueron, es conveniente brindar un sustento de largo plazo.

En este contexto resulta relevante poner en valor tres ideas:

- Referencias sobre auditoría de gestión
- Características de la auditoría social
- Auditoría social sobre programas sociales universales

Los primeros lineamientos expuestos en este capítulo han querido instruir al lector sobre características que, pudiendo ser comunes a otras auditorías de desempeño, sirven de base conceptual para el auditor que deba emprender un estudio y no tenga conocimientos previos de auditoría de gestión.

Por otra parte, es sumamente importante resaltar el foco de la auditoría social. Como se mencionó anteriormente, esta se centra en la efectividad o impacto directo, pero principalmente indirecto. Lo antedicho no invalida que en la auditoría social también se observen, identifiquen y midan las otras dimensiones del desempeño (economía, eficacia y eficiencia). Aquí, cabe hacerse algunas preguntas: ¿es la auditoría social solo aplicable a programas sociales universales? ¿Se la puede aplicar a cualquier programa social? ¿En qué cambia el análisis si se aplica a otros tipos de programas tales como infraestructura, salud, etc.?

La auditoría social puede aplicarse a cualquier programa gubernamental, es dable pensar que se malgastarían recursos (horas de auditoría, viáticos, etc.) si este tipo de auditorías se aplicaran a entidades financieras. Puede pensarse que los efectos sociales sobre la gente no tendrían mayor relevancia. Un ejemplo distinto se presenta si, a raíz de un programa de transferencia de ingresos, se utilizaran entidades financieras como intermediarios entre el órgano gestor de la política y el beneficiario. En este último caso se evalúa la gestión financiera como herramienta, pero lo importante son los efectos de la transferencia de ingresos hacia la sociedad.

Otro ejemplo puede encontrarse en una obra de infraestructura, aquí los casos y alcances pueden ser diversos. La construcción de una autopista tiene un valor social de conectar dos puntos relevantes desde el punto de vista geopolítico, comercial, estratégico, etc. Sin embargo, es diferente a la integración urbana de un asentamiento irregular, realizando apertura de calles y colocando luminarias, o el lanzamiento de un programa de construcción de viviendas sociales. Cada uno de estos ejemplos tiene una relevancia e impacto social particular. Es decir, los impactos indirectos (aquellos que revalorizan la auditoría social) se evidencian más claramente en programas sociales (transferencias monetarias, de bienes o servicios, infraestructura social, etc.) que en una obra de infraestructura. Esto es, en programas de transferencias condicionadas, cuya trascendencia, en cuanto a los objetivos que contribuye a lograr (disminución de la pobreza y desigualdad, desarrollo de las capacidades humanas, etc.), otorga un peso relativo mayor a lo que tiene para decir una auditoría social sobre una obra de infraestructura.

Puede pensarse en una relación sinérgica entre las auditorías sociales aplicadas a programas sociales universales. Mientras que las primeras revalorizan el impacto (principalmente indirecto), los programas sociales universales buscan no solo atender al impacto directo, sino además al indirecto, presentados en la forma del objetivo superior al cual contribuyen. Esto es, no solo atender a la condicionalidad (escolarización, calendario de vacunación, etc.) sino que, a través del desarrollo de capacidades, identificar y medir cuáles son los impactos indirectos hacia la sociedad. En otras palabras, si bien lograr bajas tasas de desnutrición, aplicando un programa de transferencia de alimentos, como puede ser el Programa Vaso de Leche[66] en Perú, es importante en sí mismo, debe poder evidenciarse la correlación de esa situación con mediciones de indicadores de cognición o logros educativos en el largo plazo.

66 El Programa Vaso de Leche (PVL) es un programa social desarrollado en el Perú, creado con el fin de ofrecer una ración diaria de alimentos a una población considerada vulnerable, con el propósito de ayudarla a superar la inseguridad alimentaria en la que se encuentra.

Conclusiones

A lo largo del libro se realizó un proceso de descripción de las políticas sociales universales, para luego avanzar sobre herramientas de análisis de políticas sociales en la forma de programas. Es la postura de este libro que es necesario, como primera medida, conocer con la mayor profundidad posible lo que se va a estudiar; ello permite tener una mayor capacidad explicativa y un abordaje más integral. Desde la auditoría, permite que el auditor se forme una idea de dónde se encuentran las cuestiones conflictivas o más riesgosas (cuestiones de auditoría), criterio con el cual pueda encarar el tema con un determinado enfoque y lo lleve a planificar su trabajo de manera correcta, obteniendo los resultados más satisfactorios.

De lo arriba mencionado, se sigue que la auditoría social aplicada a programas sociales universales tiene su base metodológica en la auditoría de gestión. Por tal motivo se expusieron un conjunto de definiciones que resultan de base conceptual para el posterior abordaje de las particularidades de la auditoría social aplicada a programas sociales universales.

Así, no solo se presentaron las definiciones de auditoría de gestión de las principales EFS, sino que también se avanzó en la construcción de una definición de auditoría social aplicada a programas sociales universales. Para ello debió echarse mano a otro componente central de las auditorías de gestión y programas sociales; ellas son las dimensiones del desempeño. Desde luego que en las auditorías sociales de programas sociales universales algunas tienen mayor relevancia que otras, tal es el caso de la dimensión de efectividad o impacto tanto directo como indirecto. Para desarrollar esta idea, ha sido de central importancia presentar el programa a auditar y el organismo gestor como un proceso productivo, con el fin de establecer interrelaciones y concluir en términos del desempeño.

La presentación explícita de definiciones abordadas por las EFS en sus manuales de desempeño no es caprichosa; por el contrario, es sumamente útil para establecer un consenso en el equipo de auditoría y con el gestor de la política que debe interactuar con los auditores. Por otra parte es central establecer un vocabulario común para lograr un entendimiento entre las partes. Sumado a esto, una cordial interacción encaminará a la auditoría hacia una resolución exitosa.

Por otra parte, ha sido de sustancial importancia presentar los enfoques comúnmente usados en las auditorías de gestión para luego abocarse a las auditorías sociales aplicadas a programas sociales universales. Esta idea de explicar (enfoque de causas) más que describir es lo que se presenta como trasfondo. Por tal motivo, se identificó a la auditoría social de programas sociales universales como una auditoría que requiere de dos enfoques que interactúan: el enfoque de causas (enfoque orientado a problemas, para INTOSAI) y el enfoque de efectos (asimilable a resultados, para INTOSAI). La identificación del problema perfila los objetivos de auditoría, y conduce así a la identificación de cuestiones de auditoría, áreas o puntos críticos. Conocer la causa de los problemas ayuda a tener una mirada más integral del objeto y concluir en términos de las dimensiones del desempeño. Por otro lado, el enfoque de efectos evalúa los impactos directos e indirectos. Es decir, por una parte, si los objetivos se están alcanzando como se pretendía; por otra, si la intervención del programa cambia la realidad de la sociedad en su conjunto.

Un lugar central juegan las herramientas de diagnóstico en el logro de acotar la situación a analizar. En ese sentido, las herramientas más utilizadas (FODA o la matriz de riesgo) representan una complementación en la caracterización del objeto de análisis, sus debilidades y potencialidades, y los puntos neurálgicos a estudiar. Este trabajo no solo debe hacerse con el programa social, sino también con el órgano gestor del programa, entendiendo a ambos como procesos productivos que generan interacciones y, por tanto, afectan el desempeño, uno del otro.

Más allá de los formatos que se utilicen para presentar la información, la caracterización de los procesos productivos citados precedentemente debe hacerse hacia el interior del proceso y hacia el exterior. Es decir, es necesario identificar componentes endógenos y exógenos que afectan tanto al programa como al gestor de este. Se ve entonces que la caracterización del programa en sus variables más representativas, y la descripción del órgano gestor hacia el interior de este y su entorno forman parte del estudio previo y representan una sólida base para el análisis a desarrollar por el equipo de auditoría

También de uno de sus lineamientos, se marcó la importancia de la identificación de quién y cómo se accede al beneficio. Así, la posibilidad de adoptar metodologías de identificación y selección de beneficiarios que sean coincidentes con la lógica de formulación de estas políticas forma parte de un conjunto de cuestiones sensibles, que el equipo de auditoría debe investigar.

Por otro lado, de lo expuesto en el capítulo tercero, se deduce que los métodos que pueden ser utilizados para evaluación son los "experimentales" o "cuasi experimentales". Es la postura de quien escribe este libro que la utilización de grupos de control no forma parte de la lógica con la cual se formulan las políticas universales; sí podrían ser aceptados si se espera que los grupos de control seleccionados formen parte de los beneficiarios, en una etapa posterior. Atento a la lógica de formulación de la política universal, es de resaltar que los métodos de obtención de datos deben ser "no experimentales". Haciendo hincapié en la comparación de las mediciones con la "línea de base", para medir todas las dimensiones del desempeño, pero principalmente, el impacto indirecto de la intervención. Representa un valor analítico, sin colisionar intereses con la lógica que sustentan estas políticas, las comparaciones "antes y después" y encuestas de opinión de beneficiarios, además de comparaciones con el desempeño de otros programas similares en América Latina, como las más representativas.

Otro elemento expuesto como lineamiento, y a tener en cuenta en la auditoría social de programas sociales universales, es la participación de la gente en el control, en la forma de denuncias de beneficiarios, informes de estudios del programa realizados por ONG, etc. Dicha información, si bien no debe ser elaborada por el equipo de auditoría, sí debe ser incorporada y expuesta en los informes resultantes de las auditorías sociales a los programas sociales universales.

En estas páginas se ha tratado de trabajar con el mayor rigor científico posible, con la finalidad de realizar un aporte sustancial al estado del arte. Este tiempo de trabajo e interacción con colegas discutiendo sobre los temas aquí analizados representó una evolución intelectual de quien escribe, y posibilitó presentar estos temas de forma clara y concreta. El mayor valor de estas líneas no es lo que se escribe, sino la oportunidad de abrir una puerta a un mundo de conocimiento por descubrir.

Bibliografía

Aldunate, E. y Córdoba, J. (2011). *Formulación de programas con la metodología de marco lógico*. Santiago de Chile. ILPES.

Andrenacci, L. y Repetto, F. (2006a). "Un camino para reducir la desigualdad y construir ciudadanía". En Molina, Carlos G. (comp.). *Universalismo básico. Una nueva política social para América Latina*. Banco Interamericano de Desarrollo. Washington DC. Editorial Planeta.

Andrenacci, L. y Repetto, F. (2006b). Universalismo, ciudadanía y Estado en la política social latinoamericana. Disponible en http://goo.gl/lPkBd0 [fecha de acceso: 30/07/2011].

Annan, K. (2005). "Un concepto más amplio de la libertad: desarrollo, seguridad y derechos humanos para todos". Informe del secretario general (A/59/ 2005). *Objetivos de Desarrollo del Milenio. Una mirada desde América Latina y el Caribe*. Santiago de Chile. Naciones Unidas.

Auditoría General de La Nación (AGN) (1996). *Manual de auditoría de gestión del sector público nacional*. Documento Técnico N° 8. AGN.

Badra, C. (2007). *Activador mental para una súper lectura*. Método Badra.

Baker, Judy L. (2000). *Evaluación del impacto de los proyectos de desarrollo en la pobreza. Manual para profesionales*. Washington, D.C. Banco Mundial.

Banchio, O. (2000). *El Consenso de Washington, su versión original y posterior revisión*. Rosario. UNR.

Banco Mundial (2003). *Guía del usuario para el análisis del impacto social y en la pobreza*. Washington, D.C. Banco Mundial.

Braun, M. y Llach, L. (2010). *Macroeconomía argentina*. Buenos Aires. Alfaomega.

Casilda, R. (2005). *Del Consenso de Washington a la Agenda del Desarrollo de Barcelona*. Documento de Trabajo (DT). Disponible en http://goo.gl/VjNKhJ [fecha de acceso: 29/07/2011].

CCAF-FCV (1996). *Rendición de cuentas, informe de rendimiento, auditoría comprensiva. Una perspectiva integrada*. CCAF-FCVI Inc.

Cecchini, S. y Madariaga, A. (2011). *Programas de transferencias condicionadas. Balance de la Experiencia Reciente en América Latina y el Caribe*. CEPAL.

Centro de Estudios Políticos Estratégicos Americanos (CEPEA) (2002a). *Evaluación de la calidad y la eficiencia del gasto en la ejecución presupuestaria*. Informe N° 2. Buenos Aires. CEPEA.

Centro de Estudios Políticos Estratégicos Americanos (CEPEA) (2002b). *Evaluación de la calidad y la eficiencia del gasto en la ejecución presupuestaria*. Informe N° 3. Buenos Aires. CEPEA.

Centro de Estudios Políticos Estratégicos Americanos (CEPEA) (2002c). *Evaluación de la calidad y la eficiencia del gasto en la ejecución presupuestaria*.

Centro de Estudios Políticos Estratégicos Americanos (CEPEA) (2002d). *Evaluación de la calidad y la eficiencia del gasto en la ejecución presupuestaria*. Informe N° 9. Buenos Aires. CEPEA.

CEPAL (2000). Equidad, desarrollo y ciudadanía. http://goo.gl/W1ntBI [fecha de acceso: 17/05/12]. CEPAL.

CEPAL (2007). "Las Transferencias Condicionadas en América Latina: luces y sombras". En Seminario Internacional "Evolución y desafíos de los programas de transferencias condicionadas". Brasil. CEPAL-Ipea.

Cohen, E. y Franco, R. (1988). *Evaluación de proyectos sociales*. Buenos Aires. GEL.

Consejo Nacional de Evaluación de la Política de Desarrollo Social (CONEVAL) (2009). *Metodología para la medición multidimensional de la pobreza en México*. México, DF. CONEVAL.

Consejo Nacional de Evaluación de la Política de Desarrollo Social (CONEVAL) (2011). *Informe de evaluación de la política de desarrollo social en México 2011*. México, D.F. CONEVAL.

Consejo Nacional de Evaluación de la Política de Desarrollo Social (CONEVAL) (2010). *Informe de pobreza multidimensional en México, 2008*. México, D.F. CONEVAL.

Consejo Nacional de Evaluación de la Política Social (CONEVAL) (2011). *Informe de la Evaluación Específica de Desempeño 2010-2011. Programa de Desarrollo Humano Oportunidades*. México, DF. CONEVAL.

Consejo Nacional de Evaluación de la Política Social (CONEVAL) (2012). *Evaluación de Consistencia y Resultados 2011-2012. Programa de Desarrollo Humano Oportunidades (PDHO)*. México, DF. CONEVAL.

Consejo Nacional de Evaluación de la Política Social (CONEVAL) (2010). *Metodología para la medición multidimensional de la pobreza en México*. México, DF. CONEVAL.

Contraloría General de Estado (CGE) (2011). *Guía metodológica para la auditoría de gestión*. Quito. Ecuador CGE

Contraloría General de la República (CGR) (2006). *Manual de normas generales de auditoría para el sector público*. Costa Rica. CGR.

Contraloría General de la República (CGR) (2008). *Programas sociales en Perú. Elementos para una propuesta desde el control gubernamental*. Perú. CGR.

Contraloría General de la República (CGR) (2009). *Informe macro sobre la gestión del programa Vaso de Leche*. Informe 656/2010 CG - PSC -IM. Lima, Perú. CGR.

Contraloría General de la República (CGR) (2009). *Manual de auditoría gubernamental*. Parte III: "Auditoría operacional o de gestión". Proyecto BID/CGR. Managua. Nicaragua. CGR.

Contraloría General de la República (CGR). Chile. 2012. "Fiscalización de los subsidios sociales como mecanismo de reducción de la pobreza. Tema III. Gramado". En XXII Asamblea General Ordinaria. Organización Latinoamericana y del Caribe de Entidades Fiscalizadoras Superiores (OLACEFS).

Cruces, G (comp.) (2008). *Los programas sociales en Argentina hacia el Bicentenario. Visiones y perspectivas*. Buenos Aires. Banco Mundial.

Dornbusch, R. y Fisher, S. (1985). "El problema mundial de la deuda: orígenes y perspectivas". En *El problema de la deuda, aspectos agudos y crónicos. Revista de la Planificación del Desarrollo* N° 16. Naciones Unidas.

Filgueira, F.; Molina, C.; Papadópulos, J. y Tobar, F. (2006). *Universalismo básico: una alternativa posible y necesaria para mejorar las condiciones de vida en América Latina*. Serie de Documentos de Trabajo I-57. Banco interamericano de Desarrollo.

Government Accountability Office (GAO) (2007). *Government Auditing Standards*. Washington, DC. GAO.

Grynspan, R. (2006). "Universalismo básico y Estado: principios y desafíos". En Molina, Carlos G. (comp.) (2006). *Universalismo básico: una nueva política social para América Latina*. Banco Interamericano de Desarrollo. Washington DC.

Gullo, M. (2010). *La insubordinación fundante. Breve historia de la construcción del poder de las naciones*. Buenos Aires. Biblos.

ILPES (2004). *Metodología del marco lógico*. Boletín de estudio N° 15. Santiago de Chile. ILPES.

INDEC. Acerca del método utilizado para la medición de la pobreza en Argentina. Documento preparado por la Dirección Nacional de Encuestas de Hogares del INDEC. Disponible en http://goo.gl/IqoLLv [fecha de acceso: 22/07/2012].

International Organization of Supreme Audit Institutions (INTOSAI). *Normas y directrices para la auditoría del rendimiento basadas en las Normas de Auditoría y la experiencia práctica de la INTOSAI. (ISSAI 3000)*. Viena. INTOSAI.

International Organization of Supreme Audit Institutions (INTOSAI). *Principios Fundamentales para la Auditoría de Desempeño (ISSAI 300)*. Viena. INTOSAI.

International Organization of Supreme Audit Institutions (INTOSAI). *Directrices para la auditoría de desempeño: principios clave (ISSAI 3100)*. Viena. INTOSAI.

Kliksberg, B. (2006). "Hacia una nueva generación de políticas sociales en Latinoamérica. Un análisis comparativo". En *Revista Reforma y Democracia*, N° 35.

Krieger, M. (comp.) (2005). *Los desafíos de transformar al Estado y la gestión pública Argentina*. Buenos Aires. Unión.

Massad, C. (1985). "La deuda: un panorama general". *En El problema de la deuda, aspectos agudos y crónicos. Revista de la Planificación del Desarrollo,* N° 16. Naciones Unidas.

Ministerio de Desarrollo Social de la Nación (2009). *Rendimos cuentas*. Buenos Aires. Ministerio de Desarrollo Social de la Nación.

Ministerio de Desarrollo Social de la Nación. Disponible en http://goo.gl/zFSpqa [fecha de acceso 05/05/2013]

Modolo, C. (2004). "Peligros institucionales del Plan Jefes y Jefas de Hogar". *Novenas Jornadas de "Investigaciones en la Facultad" de Ciencias Económicas y Estadística*. Rosario.

Molina Carlos, G. (comp.) (2006). *Universalismo básico. Una nueva política social para América Latina*. Banco Interamericano de Desarrollo. Editorial Planeta. Washington DC.

Monteblanco Matos, E. (2007). *Informe macro de los Programas de Complementación y Nutrición Alimentaria.* Lima, Perú. CGR.

Naciones Unidas (2005). *El desarrollo basado en un enfoque de los Derechos Humanos: hacia una comprensión colectiva entre las agencias de las Naciones Unidas. Naciones Unidas*. Disponible en http://goo.gl/NlOfxv [fecha de acceso: 20/01/2013].

Naranjo, M. (2008). *Ecuador: análisis de la contribución de los programas sociales en el logro de los Objetivos del Milenio*. Santiago de Chile. CEPAL.

National Audit Office (NAO) (1996). *Collecting, analyzing and presenting data*. London. NAO.

Nirenberg, O.; Brawerman, V. y Ruiz V. (2000). Evaluar para la transformación. Innovaciones en la evaluación de programas y proyectos sociales. Buenos Aires. Paidós.

Nirenberg, O.; Brawerman, V. y Ruiz, V. (2003). *Programación y evaluación de proyectos sociales. Aportes para la racionalidad y la transparencia.* Buenos Aires. Paidós.

O' Donnell, G. (2000). "Accountability horizontal. La institucionalización de la desconfianza política". Trabajo presentado en el *X Seminario Eduardo García Máynez,* Instituto Tecnológico de México, Ciudad de México.

Ortegón, E.; Pacheco, Juan F. y Prieto, A. (2005). *Metodología del marco lógico para la planificación, el seguimiento y la evaluación de proyectos y programas.* Santiago de Chile. ILPES.

Ortiz, I. (2007). Política Social. UNDESA. Disponible en http://goo.gl/eLQAxp [fecha de acceso: 29/07/2011].

Pereyra Iraola, V. (2010). *Rendición de cuentas y programas sociales: los programas de transferencias condicionadas en América Latina.* Buenos Aires. Fundación CIPPEC.

PNUD (2010). *Política social: capacidades y derechos. Análisis y propuestas de políticas sociales en República Dominicana.* Oficina de Desarrollo Humano. Volumen I. Disponible en http://goo.gl/xytZe6 [fecha de acceso 21/05/12].

Poet, A. (2006). *Control y evaluación en la ejecución presupuestaria de planes sociales. Análisis del caso Programa Jefes y Jefas de Hogar Desocupados.* Rosario. UNR.

Poet, A. (2012). "Política social en Latinoamérica: antecedentes históricos y situación analítica actual". En *XXII Asamblea General Ordinaria.* Organización Latinoamericana y del Caribe de Entidades Fiscalizadoras Superiores (OLACEFS). Fiscalización de los Subsidios Sociales como Mecanismo de Reducción de la Pobreza. Tema III. Gramado.

Presidencia del Consejo de Ministros (2011). *Cambiando Nuestras Vidas. Programa Nacional de Apoyo Directo a los más Pobres - JUNTOS*. Perú. Disponible en http://goo.gl/ZWtCZ1 [fecha de acceso: 30/05/12].

Repetto, F. (2009). "Hacia un sistema integral de protección social en Argentina. Algunos retos políticos y administrativos". En Schweinheim, G (comp.) (2009). *Estado y administración pública: críticas, enfoques y prácticas en la Argentina actual*. Buenos Aires. AAEAP.

Repetto, F. (2010). "Coordinación de políticas sociales: abordaje conceptual y revisión de experiencias latinoamericanas". En *Los desafíos de la coordinación y la integralidad de las políticas y gestión pública en América Latina*. Proyecto de Modernización del Estado. Jefatura de Gabinete de Ministros de la Nación.

Rubione, M. (2012). *Dimensiones del desempeño del ejecutor. Una propuesta de terminología técnica para planificación o control*. Buenos Aires. AGN.

Sachs, J. y Larraín, F. (1994). *Macroeconomía en la economía global*. Prentice Hall.

Sánchez, A. y Jaramillo, M. (2012). *Impacto del Programa Juntos sobre nutrición temprana*. Banco Central de Reserva del Perú.

Secretaría de Desarrollo Social (SEDESOL) (2005). *Nota metodológica general urbana*. Instituto Nacional de Salud Pública. Coordinación Nacional de Programa de Desarrollo Humano Oportunidades, SEDESOL. Disponible en http://goo.gl/zA3O2s [fecha de acceso: 15/01/2013].

Secretaría de Desarrollo Social (SEDESOL) (2006). *Nota metodológica general rural*. Instituto Nacional de Salud Pública. Coordinación Nacional de Programa de

Desarrollo Humano Oportunidades, SEDESOL. Disponible en http://goo.gl/pfDVi9 [fecha de acceso: 15/01/2013].

Secretaría de Desarrollo Social (SEDESOL) (2010). *Coordinación Nacional del Programa de Desarrollo Humano Oportunidades*. México. SEDESOL.

Sen, A. (2000). *Desarrollo y libertad*. Buenos Aires. Editorial Planeta S.A.

Sistema de Información, Monitoreo y Evaluación de Programas Sociales (SIEMPRO) (1999). *Gestión Integral de programas sociales orientada a resultados. Manual metodológico para la planificación y evaluación de programas sociales*. Buenos Aires. Fondo de Cultura Económica.

Solís Umaña, S. (2003). El enfoque de los derechos: aspectos teóricos y conceptuales. Disponible en http://goo.gl/zahvey [fecha de acceso: 17/05/12].

Sposati, A. (2006). "En busca de un modelo social latinoamericano". En *Universalismo básico. Una nueva política social. para América Latina*. Banco Interamericano de Desarrollo. Editorial Planeta. Washington DC.

Stiglitz, J. (2001). "Más instrumentos y metas más amplias para el desarrollo. Hacia el consenso post Washington". En *Revista del CLAD Reforma y Democracia*, N° 12.

Tribunal de Contas da União (TCU) (2003). Técnicas de Auditoria Análise Swot e Verificação de Risco. TCU.

Tribunal de Contas da União (TCU) (2004). Relatório de Avaliação de Programa Programa Bolsa Família Ministro-Relator Ubiratan Aguiar Brasília. TCU.

Tribunal de Contas da União (TCU) (2005). Relatório de Monitoramento. Programa Bolsa-Família. Brasília, TCU.

Tribunal de Contas da União (TCU) (2010). *Manual de auditoría de rendimiento*. TCU.

Tribunal de Cuentas Europeo. *Manual de auditoría de gestión*. Tribunal de Cuentas Europeo - Grupo CEAD División de ADAR (Audit Development And Reports, Desarrollo de la auditoría e informes).

Universidad Autónoma de Chiapas Centro Universidad - Empresa (2012). Secretaría de Desarrollo Social. *Meta evaluación 2007-2012 del Programa de Desarrollo Humano Oportunidades*. Informe Final. Chiapas.

Este libro se terminó de imprimir en marzo de 2016 en Imprenta Dorrego (Dorrego 1102, CABA).

www.ingramcontent.com/pod-product-compliance
Lightning Source LLC
Chambersburg PA
CBHW020705270326
41928CB00005B/268
9789877230796